MEIKE RENSCH-BERGNER

Nählust statt Shoppingfrust

Selber nähen macht glücklich!

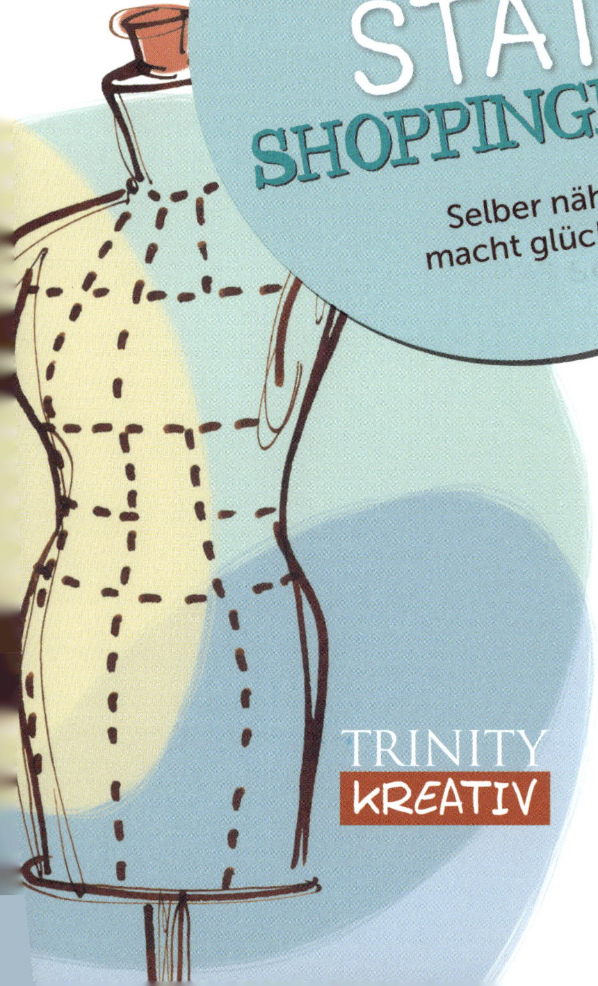

TRINITY KREATIV

Dieses Buch enthält Links zu externen Webseiten Dritter, auf deren Inhalte der Scorpio Verlag keinen Einfluss hat. Deshalb können wir für diese fremden Inhalte auch keine Haftung übernehmen. Für die Inhalte der verlinkten Seiten ist stets der jeweilige Anbieter oder Betreiber der Seiten verantwortlich. Die verlinkten Seiten wurden zum Zeitpunkt der Verlinkung auf mögliche Rechtsverstöße überprüft, rechtswidrige Inhalte waren nicht erkennbar. Bei Bekanntwerden von Rechtsverletzungen werden wir derartige Links umgehend entfernen.

© 2015 Trinity Kreativ Verlag in der
Scorpio Verlag GmbH & Co. KG, München
Umschlaggestaltung: Sabine Fuchs, FUCHS DESIGN, Oberhaching/München
Layoutkonzept: Sabine Fuchs, FUCHS DESIGN, Oberhaching/München
Umschlagmotive: Claudia Prinz, München (www.claudiaprinz.de)
Technische Illustrationen (Seite 136–153): Carsten Bachmann, Nürnberg
Illustrationen Aufmacherseiten (Seite 8/9, 34/35, 56/57, 74/75, 92/93, 106/107):
Claudia Prinz, München (www.claudiaprinz.de)
Sonstige Illustrationen: iStockphoto.com/themosse
Fotos der Autorin: Monika Lauber (www.monikalauber.de)
Satz: BuchHaus Robert Gigler, München
Druck und Bindung: Print Consult GmbH, München
ISBN 978-3-95550-179-2

Alle Rechte vorbehalten.

www.trinity-kreativ.de

Inhalt

Vorwort 7

Kapitel 1: Selbernähen macht glücklich! 9

Tatort Umkleidekabine 10
Du bist nicht schuld! 13
Das Gefühl, nicht normal zu sein 15
Die sind doch nicht echt! 22
Der Ausweg aus dem Dilemma 24
Der Kopfkleiderschrank 27
Ich nähe mir die Welt, wie sie mir gefällt 32

Kapitel 2: Mein ganz persönlicher Kopfkleiderschrank 35

Werden Sie zu der Frau aus Ihren Träumen! 36
Kopfnähen und Herznähen 37
Wer bin ich? 39
Was will ich der Welt von mir zeigen? 42
Nähen ist Selbsterkenntnis 44
Wie sehe ich denn aus? 47
Basteln Sie sich Ihre eigene Anziehpuppe 51
Nähen ist die Lösung! 54

Kapitel 3: Schritt für Schritt zur selbst gemachten Garderobe 57

Im Kopfkleiderschrank ist unendlich viel Platz 58
Wie lernen Sie am liebsten? 59
Was muss ich können, um loszulegen? 64
Wo finde ich Inspiration? 65
Wo finde ich Anleitungen? 68
Keine Angst vor Schnittmustern! 71
Starten Sie mit einem Rock! 72

Kapitel 4: Alles, was Sie brauchen 75

Was für eine Nähmaschine? 76
Wo bekomme ich Material? 80
Wie viel Stoff muss ich kaufen? 82
Welche Werkzeuge brauche ich? 84
Zeit und Raum findet sich immer! 85
Jetzt geht's los! 86
Nähen lernt man Stich für Stich 90

Kapitel 5: Dranbleiben, wenn's mal schwierig wird 93

Für jedes Problem gibt es eine Lösung 94
Ich könnte heulen, es sieht einfach furchtbar aus! 95
Erst mal nur zur Probe 98
Wer zeigt mir, wie es geht: Foren, Blogs
    und soziale Netzwerke 100
Bloggen Sie! 103
Sew Alongs – gemeinsame Projekte im Internet 104

Kapitel 6: Die Kunst der guten Passform 107

Was genau ist eine gute Passform? 108
Fotos sind gar nicht schlimm! 110
Von der Kunst, das richtige Material zu wählen 113
Abnäher sind Freunde! 118
Der perfekte Saum 119
Nur Mut: Ändern Sie Schnitte! 122
Die Kunst des Messens 127
Vor dem Zuschnitt erst einmal denken! 130
Der Traum vom Maßschnitt 131
Na, kommen Sie schon, legen Sie los! 134

Praxisteil 136

Einen Bodygraph zeichnen 136
Basteln Sie sich eine eigene Figurine 138
In wenigen Schritten zum maßgeschneidertem Rock 140

Serviceteil 154

Nählexikon 154
Literatur und Internetadressen 156
Dank 158
Über die Autorin 159

MIT GUT SITZENDER KLEIDUNG, GENAU NACH UNSEREN WÜNSCHEN UND TRÄUMEN, WERDEN WIR FÜR ALLE SICHTBAR EIN NEUER MENSCH.

Vorwort

Nähen ist super! Nichts geht über das Glücksgefühl, total verliebt in einen Stoff oder Schnitt zu sein und es kaum erwarten zu können, das fertige Kleidungsstück am eigenen Körper zu sehen! Es ist einfach großartig, mir das auf den Leib zu schneidern, was ich wirklich tragen will.

Nähen, ich? Woher soll ich bloß die Zeit für ein Hobby nehmen? Und überhaupt: Ist Nähen nicht unheimlich kompliziert? So dachte ich früher. Doch ziemlich genau vor sechs Jahren hat mich das Nähfieber gepackt.

Früher meinte ich auch, ich hätte Figurprobleme. So ein Quatsch! Mittlerweile weiß ich, dass Kaufkleidung für Normkörper gemacht ist und dass die Bilder, die wir überall sehen, nichts mit der Vielfalt von echten Menschen zu tun haben. Sogenannte »Figurprobleme« entstehen erst, wenn gekaufte Kleidung nicht gut an unserem Körper sitzt. Vorher haben wir einfach nur eine Figur! Wenn Sie für einen ganz besonderen Menschen nähen – nämlich für sich, dann lösen sich diese Probleme in Luft auf. Mit gut sitzender Kleidung, genau nach unseren Wünschen und Träumen, werden wir für alle sichtbar ein neuer Mensch.

Natürlich ist es nicht ganz einfach, Erwachsenenkleidung zu nähen. Sie müssen dazu schon ein wenig üben und einiges lernen. Ich zeige Ihnen, wie! Ich bin der festen Überzeugung, dass das Nähen der eigenen Garderobe JEDE Frau glücklich machen kann, und freue mich, Sie bei den ersten Schritten zu begleiten!

Viel Spaß dabei und immer genügend Faden auf der Spule wünscht Ihnen

Meike Rensch-Bergner

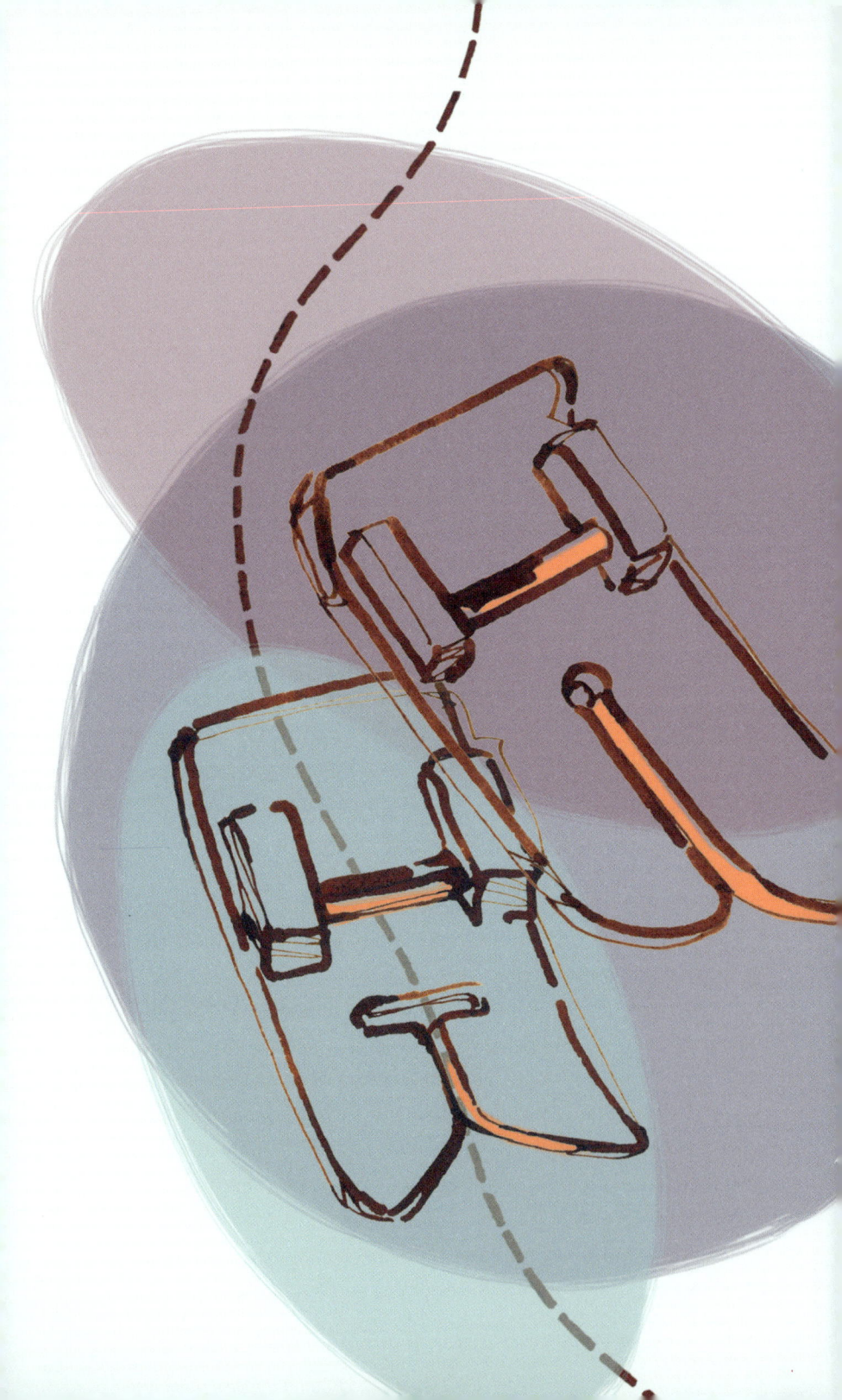

1

Selber nähen macht glücklich

Von wegen Shoppinglust! Oft genug müssen wir Kompromisse machen oder finden nicht das Richtige ... und haben hinterher eher Frust. Anders, wenn wir unsere Kleidung selber nähen! Es gibt nichts Schöneres, als sich dem Flow des Schaffens hinzugeben und sich gleichzeitig auf das Ergebnis zu freuen.

Tatort Umkleidekabine

»Es war einmal vor langer, langer Zeit ...« So beginnen Märchen. Wie es mir ging, bevor ich begann, meine eigene Kleidung zu nähen, war eher ein Drama als ein Märchen: Ich weiß genau, was ich will. Genauer gesagt, geht es nicht ums Wollen. Es geht ums Brauchen. Ich brauche eine neue Hose. Die alte Lieblingshose ist durch. Sie sah schon länger nicht mehr toll aus, aber ich habe sie getragen, bis sie mir buchstäblich vom Leib fiel. Nicht dass ich nicht noch andere Hosen hätte, natürlich ist der Schrank voll, aber die anderen Hosen sind doof. Ich fühle mich nicht wohl in diesen Hosen. Sie passen irgendwie, aber eben nur irgendwie. Entweder hier kneift was, oder dort steht was ab. Sie wärmen und bedecken, was notwendig ist, das ist aber auch schon das einzig Positive, was ich über meine anderen Hosen sagen kann. Die eine Hose mit Wohlfühlfaktor hat nun wirklich leider das Zeitliche gesegnet. Ich kann sie nicht mehr anziehen, deswegen brauche ich Ersatz und habe mich in den Dschungel eines Einkaufszentrums begeben. Erstaunlicherweise gibt es extrem wenig Amokläuferinnen, dabei hätten Frauen wirklich allen Grund dazu. Ja, es gibt Glückliche, die jahrein, jahraus in das gleiche Geschäft gehen, um dort fündig zu werden. Andere suchen und suchen und geben sich anschließend mit etwas zufrieden, das zwar okay ist, aber eben auch nur okay. Das, was sich im Inneren von Umkleidekabinen abspielt, könnte jederzeit einen Amoklauf auslösen. Obwohl jede Frau diesen Krampf kennt, ist es erstaunlich, wie friedlich es in den Einkaufs-straßen unserer Welt zugeht. Es ist kein Spaß, einkaufen zu gehen – obwohl uns Frauen immerzu eine Shoppingleidenschaft unter-stellt wird. Schuhe, ja Schuhe, Taschen, Lippenstifte, Schals und Tücher sind prima. Dafür muss man sich auch nicht ausziehen!

Alles andere ist mühsam und oft frustrierend. Nicht immer, natürlich. Manchmal ist es tatsächlich so, dass man den Jackpot gewinnt und glücklich mit vollen Taschen nach Hause geht. Aber es ist eben wirklich wie beim Lotto: Es ist ein Glücksspiel.
Jetzt stehe ich in einer Umkleidekabine und ziehe ein Teil nach dem anderen an, ohne in Begeisterungsstürme auszubrechen. Das unvorteilhafte Licht in der Kabine macht es nicht besser. Zu Hause hatte ich nicht so unreine Haut, auch meine Frisur sah irgendwie flotter aus. So viele graue Haare? Wo kommen die denn auf einmal her? Wer kam zuerst auf die Idee, Umkleidekabinen so auszuleuchten, dass deren Lichtkonzept für eine wissenschaftliche Versuchsreihe verwendet werden kann. Wir Frauen wollen doch etwas anderes, damit wir zum Kauf motiviert werden:

Wir wollen in einem Spiegel in einer Umkleidekabine eine hübsche Frau sehen, die gar nicht mehr anders kann, als das schmückende Kleidungsstück zu kaufen, das sie gerade anprobiert.

Stattdessen sehe ich eine Frau mit Makel hier und Makel da, die durch die mittelmäßig passenden Kleidungsstücke, die sie gerade anzieht, auch nicht schöner wird. Wenn nach diversen anprobierten Hosen eine einigermaßen passt, bezahle ich sie, nehme sie mit nach Hause und hänge sie im Kleiderschrank zu den anderen So-lá-lá-Hosen.
Neben der Hose in der Plastiktüte trage ich aber noch etwas anderes mit nach Hause: schlechte Laune. In der Umkleidekabine habe ich gesehen, wie wenig schön ich bin. Ich wurde an die grauen Haare auf meinem Kopf und die Dellen in meinen Oberschenkeln erinnert. Mehr noch: Ich habe mich gesehen, ich habe mich in den unpassenden Hosen gesehen und gelernt, dass ich nicht toll bin.

Ich bin nicht gut genug für diese Hosen. Dabei sind sie von professionellen Designern gemacht, sind in Mode und sehen per definitionem gut aus. Nur leider nicht an mir. Ich gehe mit dem Gefühl nach Hause, dass es meine Schuld ist, dass ich keinen Knackarsch in den anprobierten Hosen habe. Genug Auswahl gab es ja. Es muss also an mir liegen.

Schlimmer noch: Ich werde sie anziehen und mich nicht mögen. Kleidung, Selbstbild und Stimmung haben so viel miteinander zu tun. Ich fühle mich einfach besser, wenn ich etwas Schönes und gut Passendes trage.

Diese Erkenntnis macht die Einkaufstüte in meiner Hand zu einer schweren Last. Die Erkenntnis verschmilzt mit der Hose – das ist wahrscheinlich noch ein Grund mehr, dass ich sie nicht mag. Aber es nützt ja nichts. Ich werde sie anziehen und nicht mögen, denn ich kann schließlich nicht nackt herumlaufen. Kleidung ist Schutzschild und Katalysator. Tolle Kleidung macht mich stark und schön. Kleidung, in der ich mich unwohl fühle, schwächt mich, sodass ich am liebsten unsichtbar würde.
Ich habe durchaus gekaufte Kleidungsstücke, die ich mag. Auch wenn ich im Lotto noch keinen Sechser hatte, gibt es doch das eine oder andere gekaufte Teil, in dem ich mich wohlfühle, an dem ich nicht allzu viel zuppeln muss und in dem ich mir sogar im Spiegel gefalle. Wenn ich solche Lieblinge trage, dann sehe ich doppelt und dreifach so gut aus. Ich fühle mich wohl und strahle das aus. Wenn ich meine Lieblinge trage, könnte ich die Welt umarmen.
An anderen Tagen ziehe ich einfach nur irgendetwas an. Ist doch egal! Hauptsache funktional. An den meisten Tagen ist es mir gleichgültig, was ich anziehe. Aber so fühle ich mich dann auch:

ein bisschen schäbig, ein bisschen egal, ein bisschen unwichtig. Am liebsten bleibe ich unsichtbar. Will ich wirklich unwichtig und unsichtbar sein? Schlecht sitzende Kleidung, die uns schlechte Laune macht, muss nicht sein. Das Leben ist zu kurz, um sich die Laune verderben zu lassen. Doch schlecht passende Kaufkleidung löst noch viel mehr aus, als nur Unzufriedenheit.

Du bist nicht schuld!

Ich probiere ein Kleidungsstück nach dem anderen an, aber nichts passt richtig, meine Laune wird zusehends schlechter: Hier kneift es, dort ist es zu kurz und an anderer Stelle zu weit. »Selbst schuld«, denke ich. »Was musstest du auch an jedem Sommertag ein Eis essen, nur weil dir danach war? Du bist doch selbst schuld, dass du nicht in die Klamotten passt.«
Was bleibt einer Frau übrig, als Kompromisse zu schließen? Na gut, der Rock hat nicht die perfekte Farbe. Ich nehme ihn trotzdem, immerhin passt er. Das T-Shirt wirft komische Falten am Busen. Egal, die Farbe passt zum Rock. Ich rede mir meine Einkäufe schön, damit ich nicht mit leeren Taschen nach Hause gehe. Aber die Begeisterung, die meine Einkäufe von meinem hart erarbeiteten Geld eigentlich verdient hätten, bleibt aus. Ein lauer, unschöner Geschmack verdirbt mir die Freude. Die Sachen sind eher »Na ja« statt »Juhu«. Das ist schade! Wenn ich im erbarmungslosen Licht einer Umkleidekabine stehe, wenn ich frisch gekaufte Sachen nach Hause trage, von denen ich nicht wirklich überzeugt bin, wenn ich morgens vor dem gut gefüllten Kleideschrank stehe und mal wieder nichts anzuziehen habe, kommt immer wieder das gleiche Gefühl, und immer wieder denke ich »mit mir stimmt was nicht«.

Ich weiß von meinen Freundinnen, dass es ihnen ähnlich geht. Auch sie schimpfen immer wieder darüber, dass sie nichts anzuziehen haben oder nichts Gescheites auf Einkaufstouren finden. Woher kommt eigentlich dieses Gerücht, dass Frauen angeblich so gerne einkaufen? Ich glaube, das haben Männer in die Welt gesetzt, die erst stundenlang vor Umkleidekabinen saßen, weil die Frau in derselben verzweifelte, und anschließend mit ansehen mussten, wie ihre Frau Frustkäufe in der Schuh-, Handtaschen- und Accessoire-Abteilung machte. Dabei sehen meine Freundinnen fantastisch aus! Ich sehe wundervolle Frauen, die mein Leben bereichern. Mit einem kurzen, liebevollen Blick streife ich ihr Outfit und bewundere es, wenn es gelungen ist. Über schlecht sitzende Details schaue ich hinweg, weil es meine Freundinnen sind. Diesen liebevollen Blick sollten wir uns auch selbst zugutekommen lassen! Niemand schaut unser Spiegelbild oder Fotos von uns so kritisch an wie wir selbst! Ich sage jetzt nicht, dass Sie sich ganz toll finden sollen, auch wenn alle Hosen irgendwie zu eng sind, wenn die Ärmel Ihrer Kleidungsstücke zu lang sind oder wenn Sie die Farbe Ihres Traumkleides so aussehen lässt, als hätten Sie drei Tage lang mit einem Magen-Darm-Virus im Bett gelegen. Nein, wir wollen nichts schönreden! Aber woran liegt es?

Stimmt etwas nicht mit Ihnen, oder könnte es vielleicht an der Kleidung liegen, die es zu kaufen gibt? Vielleicht sind Sie einfach im falschen Laden gelandet.

Das Geschäft, das Sie optimistisch betreten haben, weil Ihnen wunderbare Sachen im Schaufenster versprochen haben, Sie zur Traumfrau zu machen, scheint nicht für Frauen zu produzieren, die so aussehen wie Sie. Vielleicht ist es sogar noch schlimmer:

Vielleicht produziert diese Marke sogar gar nicht für echte Frauen, die mitten im Leben stehen. Vielleicht ist die Zielgruppe tatsächlich nur auf junge Mädchen vor den pubertären Veränderungen begrenzt, oder diese Kleidung ist ausschließlich für Schaufensterpuppen gemacht, die sich nicht beschweren, wenn das Kleidungsstück hinten mit Stecknadeln zusammengesteckt wird, damit es noch taillierter aussieht, als es in Wirklichkeit ist.

Das Gefühl, nicht normal zu sein

Es ist wirklich verrückt und eigentlich nicht zu glauben, aber egal, mit welcher Frau ich spreche, komme ich zu der nahezu hundertprozentigen Erkenntnis: *Alle* Frauen haben Figurprobleme. Das glauben sie zumindest. Keine ist *wirklich* mit ihrem Körper zufrieden. Und wenn der Blick in den Spiegel, die Verzweiflung beim Kleiderkauf noch nicht reicht, dann verstärkt ein kurzer Blick in eine beliebige Frauenzeitschrift sehr schnell dieses Gefühl. Aber stimmt wirklich etwas nicht mit all diesen Frauen? Oder stimmt vielmehr etwas anderes nicht? Wie sieht es bei Ihnen aus? Sind Ihre Arme zu lang oder die Ärmel der meisten Kleidungsstücke zu kurz? Fühlen Sie sich wohl, wie Sie sind, oder müssen Sie sich schlecht fühlen, weil Ihr BMI möglicherweise am falschen Platz in der Tabelle steht? Trauen Sie mehr Ihrem eigenen Urteil, oder verlassen Sie sich auf das, was die Welt Ihnen mitteilt? Ich glaube, die meisten Frauen sind es gewohnt, am eigenen Urteil zu zweifeln, und suchen Rat und Hilfe bei anderen. Die ganzen Ratschläge von anderen brauchen Sie aber gar nicht, denn eigentlich könnten Sie selbst sehr gut wissen, was falsch und was richtig und vor allen Dingen was gut für Sie ist!

MEIN TIPP:
Haben Sie es gemerkt? In dem Wort "Ratschlag" steckt immer ein Schlag. Hören Sie beim nächsten Mal, wenn Ihnen jemand einen Ratschlag gibt, genau hin und prüfen Sie, ob er wirklich gut gemeint ist. Hören Sie im Zweifelsfall lieber auf Ihre innere Stimme oder auf Ihr Bauchgefühl! Da können Sie sicher sein, dass beide es gut mit Ihnen meinen.

Nicht jeder meint es gut mit Ihnen und Frauenzeitschriften und die Bekleidungsindustrie ganz sicherlich nicht. Die interessieren sich mehr für ihre Umsätze als für Ihre Zufriedenheit. Klar ist es toll, dass wir einfach so in Geschäfte gehen können und uns etwas Wärmendes und hoffentlich auch Schmückendes kaufen können. Diese Einfachheit der Beschaffung, diese Vielfalt, die Größe des Angebots heutzutage sind wirklich unglaublich. Aber das hat seinen Preis! Mittlerweile besteht dieser Preis noch nicht mal darin, dass man viel Geld ausgeben muss, um sich etwas zum Anziehen zu kaufen. Im Gegenteil! Die Preise von Bekleidung sind in den meisten Geschäften erschreckend niedrig, wenn man sich vorstellt, wie viel Arbeit in der Erstellung eines Kleidungsstücks steckt. Der zusätzliche Preis, der nicht in Euro ausdrückbar ist und den Sie als Kundin bezahlen, ist das Gefühl der Minderwertigkeit, wenn Ihnen etwas nicht passt – mal ganz abgesehen von dem Gedanken an die miserablen Arbeitsbedingungen derjenigen, die das Kleidungsstück

gefertigt haben, den wir gerne mal verdrängen, wenn wir uns über etwas Neues freuen.
Unsere Vielfalt an Angeboten und die niedrigen Preise für Kleidungsstücke beruhen auf der Massenproduktion. Während noch vor 200 Jahren Bekleidung individuell für jeweils einen ganz bestimmten Menschen genäht, gestrickt oder gehäkelt wurde, setzte sich mit der Industrialisierung eine ganz neue Art und Weise durch, Textilien zu produzieren. Massenproduktion wurde durch spezialisierte Maschinen und Herstellungstechniken möglich. Plötzlich war es machbar, Textilien um ein Vielfaches billiger als zuvor anbieten zu können. Die Globalisierung mit ihrer Verlagerung der unschönen Arbeitsbedingungen in ärmere Länder trägt ihren Teil dazu bei. Allerdings hat die Möglichkeit, in großen Stückzahlen zu günstigen Preisen zu produzieren, einen Nachteil: Um die Effekte der neuen Maschinen und Herstellungstechniken ausnutzen zu können, wird in Serie produziert. So entstanden Kleidergrößen.
Statt wie früher vor der Produktion eines Kleidungsstücks den Körper, für den das Kleidungsstück entstehen sollte, genau zu vermessen, wurden Konfektionsgrößen entwickelt. Die Grundlage dafür war reine Statistik. Es wurden unzählige Frauen vermessen und in Gruppen eingeteilt. Die Mittelwerte dieser Gruppen bildeten die Maße für eine Konfektionsgröße. Genau: die Mittelwerte! Statt Individualität zu berücksichtigen, ging es darum, eine möglichst große Schnittmenge zu bilden. Wer jedoch kürzere Beine hatte als der Durchschnitt seiner Gruppe, hatte eben Pech gehabt (bevor die Kurzgrößen erfunden wurden).
Massenproduktion und damit günstige Preise für die Konsumentinnen sind nur möglich, wenn mit standardisierten Konfektionsgrößen gearbeitet wird. Nur wenn x-mal hintereinander das gleiche

SIE SIND WUNDER SO WIE

SCHÖN, SIE SIND

Kleidungsstück mit exakt den gleichen Maßen gearbeitet wird, kann es kostengünstig in Serie produziert werden. Jeglicher Extrawunsch kostet einen Extraaufwand. Und das ist in unserer schnelllebigen Zeit nicht erwünscht.

Fast alle Frauen, die Kleidung kaufen, müssen Kompromisse machen, denn jeder Körper ist ein ganz eigenes Kunstwerk, und Kunstwerke passen eben selten in Standardverpackungen.

Egal, ob es sich um zu kurze Ärmel, die falsche Farbe oder den ungeeigneten Stoff handelt – wir nehmen beim Einkauf, was wir bekommen, und denken oft gar nicht mehr über die eingegangenen Kompromisse nach, weil wir froh sind, überhaupt etwas gefunden zu haben! Wenn wir anschließend, zu Hause angekommen, weniger glücklich über das erfolgreich »Gejagte« sind, als wir es uns erhofft haben, liegt es genau an diesen Kompromissen und dem für Frauen typischen Hang, die Schuld bei sich selbst zu suchen. Wir denken nicht »Ach Mist, diese Ärmel sind zu kurz«, sondern »Verdammt, warum habe ich nur solche langen Arme!«. Je mehr Ihr Körper vom Durchschnitt abweicht, desto öfter machen Sie diese Erfahrung beim Kleiderkauf, und der Glaubenssatz »Ich bin nicht perfekt, ich bin nicht richtig für diese Welt« brennt sich tief in Ihr Gehirn ein.
Dabei sind Sie genau richtig!
Sie sind wunderschön, so wie Sie sind.
Das komische Kleidungsstück ist
nur nicht das Richtige für Sie!
Es ist lieblos produziert!
Dabei sind Sie es doch wert,
dass man sich Mühe gibt!
Niemand kümmert es,

wenn Sie mit der Kleidung, die Sie kaufen, nicht hundertprozentig zufrieden sind. Im Gegenteil: Das ist so gewollt! Stellen Sie sich vor, Sie hätten nur geliebte Kleidungsstücke, die Sie womöglich jahrzehntelang tragen? Wo kämen wir denn da hin? Unser kapitalistisches Wirtschaftssystem basiert auf Wachstum. Wachstum funktioniert, wenn immer wieder neue Konsumbedürfnisse geweckt werden und die Konsumentinnen brav konsumieren. Mode ist ein Wachstumshelfer. Indem wir jedes Jahr mehrfach den Mund wässrig gemacht bekommen, was wir unbedingt Neues brauchen, um »in« zu sein, werden uns mehr oder weniger subtil Kaufanreize untergejubelt.

Es gibt aber noch eine viel perfidere Strategie, um Frauen zu guten Konsumentinnen zu machen: Indem Frauen eingeredet wird, dass sie nicht gut genug sind, werden Frauen dazu aufgefordert, sich selbst zu optimieren. Die Botschaft »selbst schuld« haben wir tief verinnerlicht und glauben, dass »vom Tellerwäscher zum Millionär« genauso möglich ist, wie eines Tages mit einem jugendfrischen Normkörper durch die Welt zu laufen, der aussieht wie gefotoshopt. Der Glaube stirbt zuletzt, und zwischendurch verdienen viele Unternehmen gut daran, dass Frauen alles dafür tun, besser auszusehen.

Sie müssen umdenken, wenn Sie glücklicher werden wollen. Nicht Sie sind falsch, sondern die Welt um Sie herum bietet Ihnen das Falsche. Massenkonfektion ist minderwertig, aber Sie sind etwas Besonderes.

Wenn Sie das erkannt haben, können Sie sich auf die Suche danach machen, genau das Richtige für sich zu finden. Das Richtige wird Ihnen schmeicheln, Ihren Teint rosig strahlen lassen, Ihren Körper sanft umhüllen, Ihre Vorzüge zeigen, Sie sich wohlfühlen lassen und Ihnen eine umwerfende Ausstrahlung geben. Wenn es das Richtige nicht von irgendjemand anderem produziert gibt, dann müssen Sie das Schicksal in die Hand nehmen und es selbst fertigen!

Die sind doch nicht echt!

Je mehr ich mich mit dem Thema Körperformen und der dazugehörigen Kleidung beschäftigte, umso deutlicher wurde mir, dass in den Medien nur ein bestimmter Typ Frau repräsentiert wird. Wir bekommen fast nur »gefotoshopte« und »getunte« Frauen zu sehen: allesamt jung, hübsch, schlank und makellos. Mit »getunt« meine ich, dass die Frauen, die uns präsentiert werden, nicht einfach so aussehen, wie sie uns vorgeführt werden.

Schauspielerinnen, Sängerinnen, Fernsehansagerinnen etc. investieren sehr viel Zeit und Geld, damit sie so aussehen, wie sie aussehen.

Sie tragen nicht nur Kleidung, die für sie speziell ausgesucht wurde (und fragen Sie besser nicht, welche Quetschunterwäsche sich darunter verbirgt), sie verbringen auch mehr Zeit mit Sport und Körperpflege, als eine normale Frau, die mitten im Leben steht, dafür aufbringen kann (und/oder will). Werden diese Frauen sichtbar älter oder weniger attraktiv, werden sie zunächst öffentlich dafür kritisiert oder verschwinden stillschweigend von den Bildschirmen. Für Männer gilt das (noch) nicht gleichermaßen: Politiker, Talkmaster und Nachrichtensprecher dürfen altern und dicker werden. Ständig perfekte Frauen vorgeführt zu bekommen, prägte unser Unbewusstes. Irgendwann fingen wir an zu glauben, dass es normal sei, so auszusehen wie die Prominenten.

Da die Medien sich nicht scheuen, sich kritisch über zugenommene Pfunde, After-Baby-Bodys oder lässigere Freizeitkleidung von Prominenten zu äußern, haben wir verinnerlicht, dass es die Aufgabe der Frauen ist, Zeit und Geld dafür zu investieren, gut auszusehen. Wenn wir nicht annähernd so gut aussehen, wie die Frauen, die uns tagtäglich vorgeführt werden, sind wir selbst schuld. Angeblich tun wir zu wenig dafür, unser Äußeres zu optimieren.

Es liegt an uns, dieses perfide Spiel mitzuspielen und immerzu einem Ideal hinterherzulaufen oder auszusteigen und selbst zu entscheiden, was uns schön, glücklich und wertvoll macht. Dazu müssen wir der Tatsache ins Auge sehen, dass Körper eben verschieden sind. Es gibt Große und Kleine, es gibt Dicke und Dünne, es gibt verschiedene Haarfarben und auch graue Haare, es gibt Schönheitsflecken, Falten und nicht zuletzt gibt es Körper mit eingeschränkten Funktionen. Wie Körper aussehen, ist ein weites Spektrum und alle sind »richtig«, so wie sie sind. Die »Normkörper«, die uns in den Medien gezeigt werden, schreibe ich bewusst mit Anführungszeichen, denn es liegt an uns, diese Norm zu akzeptieren und uns schlecht zu fühlen, wenn wir ihr nicht entsprechen, oder selbstbewusst Vielfalt zu proklamieren, aus den Selbstbezichtigungen auszusteigen und uns selbst schön zu finden und so schön zu machen, wie wir es gut finden.

Der Ausweg aus dem Dilemma

Unsere Gesellschaft kennt nur einen einzigen Weg aus dem Dilemma: Alle Welt signalisiert uns, dass wir uns verändern müssen, und zeigt uns den Weg, wie wir die Norm erreichen könnten, wenn wir uns nur ordentlich anstrengen. Ich bin erstaunt, mit welchem Erfolg sich derartige Themen Woche für Woche am Zeitungskiosk verkaufen. Wären die Tipps der Frauenmagazine wirklich wertvoll, dann hätten nach kurzer Zeit alle Frauen ihr Ziel erreicht.

Und überhaupt: Die Diätindustrie ist der einzige Wirtschaftszweig, der davon lebt, dass seine Produkte nicht funktionieren. Das ist alles ein Irrsinn!

Machen Sie sich frei davon und hören Sie auf, an sich selbst herumzuoptimieren. Verwenden Sie Ihre kostbare Zeit lieber darauf, etwas Sinnvolles zu tun: Kümmern Sie sich um die Verwirklichung Ihrer Träume, und nähen Sie sich Ihre eigene Garderobe! Statt sich über angebliche Figurprobleme und schlechte Passform von Kaufkleidung zu ärgern, schneidern Sie sich das, was Sie anziehen wollen, auf den Leib. Das braucht zugegebenermaßen etwas Übung – aber Sie können es lernen! Ich nehme Sie an der Hand und begleite Sie auf dem Weg zu einer eigenen Garderobe. So können Sie einigen Stolpersteinen ausweichen und schneller ans Ziel kommen. Selbst wenn Ihre ersten selbst genähten Kleidungsstücke noch nicht hundertprozentig sein sollten – Sie werden sofort spüren, dass Sie auf dem richtigen Weg sind. Dieses Glücksgefühl, etwas Tragbares mit den eigenen Händen geschaffen zu haben, das genau so niemand auf der Welt hat und tatsächlich kleidsamer ist als so manche gekaufte Klamotte, ist unbeschreiblich. Unzählige

Frauen nähen. Es ist wieder ein Trend! Das bedeutet auch, dass es wieder mehr Materialquellen und Hilfestellung gibt. Vielleicht haben Sie im Freundeskreis noch niemanden, der auch näht, aber Sie sind nicht allein! Es gibt unzählige Frauen, die Nähen als Hobby für sich entdeckt haben und ihre eigene Kleidung nähen. Seit der Erfindung des Internets können Sie sicher sein, auch mit dem verrücktesten Hobby nicht allein auf dieser Welt zu sein. Auch wenn Sie noch keine Nähfreundin in der Nähe haben – im Internet werden Sie Gleichgesinnte zum Erfahrungsaustausch, zur Motivation und Inspiration treffen.

Der Austausch über das Nähen und das Genähte im Internet findet maßgeblich über Blogs, Foren und Galerien von fertigen Werken statt. Wenn Sie diese Welt einmal entdeckt haben, werden Sie erstaunt sein, was Sie dort alles entdecken können! Sie werden mehr und mehr Zeit damit verbringen, sich Nähblogs anzuschauen, und interessiert sehen und lesen, wie es anderen Näherinnen geht. Vermutlich werden Sie feststellen, dass es sehr viel angenehmer und befriedigender ist, sich Nähblogs anzuschauen statt Frauenmagazine: Denn was man dort sieht, sind echte Frauen mit Lösungen statt mit Problemen.

Es brauchte eine Weile, bis ich merkte, wie sehr mich das Anschauen dieser echten Frauen veränderte. Bilder wirken so subtil!

Während mir die Medien Tag für Tag Tausende von Kunstgeschöpfen mit Normkörpern präsentieren, sehe ich mittlerweile täglich echte Frauen in schönen Kleidern, wenn ich abends durch die Beiträge meiner abonnierten Nähblogs surfe.

Wenn ich die Menschen, die ich zufällig auf der Straße treffe, mit den Bildern, die von den Plakatwänden herunterlächeln, vergleiche, dann haben es die echten Menschen natürlich schwer. Sie schlurfen oder eilen in Kaufkleidung durch den Alltag und haben keinen Drink in der Hand oder räkeln sich im Sonnenschein. Sie denken an das, was zu erledigen ist, und haben kaum Zeit dafür, stolz auf sich zu sein. Ganz anders ist die Ausstrahlung der Nähbloggerinnen. Obwohl es viele Frauen immensen Mut kostet, sich fotografieren zu lassen und ein Foto im Internet zu veröffentlichen, überwiegt doch der Stolz auf das Werk. Und so entsteht jeden Tag Stück für Stück eine umfangreiche Galerie echter Menschen, die stolz auf sich und ihr Werk sein können und uns zeigen, wie vielfältig der Ausdruck von Schönheit sein kann.

Wenn wir regelmäßig diese stolzen Frauen in ihrer selbst gemachten Kleidung anschauen, dann werden wir mit der Zeit unabhängig von den Vorgaben der Modeindustrie und von den Medien! Wir werden gedanklich freier, selbst zu entscheiden, was wir schön finden. Und je besser wir nähen lernen, umso leichter fällt es uns, unsere Träume zu verwirklichen und mit unserer Kleidung diejenige zu sein, die wir in unseren Vorstellungen schon lange sind!

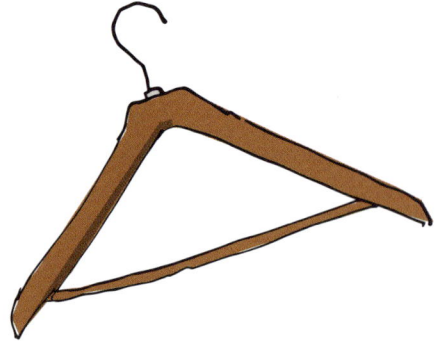

Der Kopfkleiderschrank

Als ich vor einiger Zeit in einer gemütlichen Freundinnenrunde gestand, dass ich mich bei einem Blick in den Spiegel erschrocken hatte, weil ich so gar nicht aussehen würde wie die Frau in meinen Träumen, schauten mich alle ein wenig irritiert an. Den Frust, beim Blick in den Spiegel kannten zwar alle, aber warum mich das so erstaunte, war ihnen ein Rätsel. Der Grund ist der:

Ich wollte schon immer wie Mary Poppins sein! Meine Erinnerungen an die in der Kindheit gehörte Geschichte sind zwar mehr als lückenhaft, aber irgendwie hat mich diese Frau geprägt, und ihre Silhouette konnte ich einfach nicht vergessen.

Ich erzählte von der Frau in meinen Träumen, die ich so gerne wäre, von weit schwingenden Röcken, von Wespentaille, von Männern, die mich zur Begrüßung herumwirbeln, von Anmut und Grazie. Alles das hatte so wenig mit dem zu tun, was ich sah, wenn ich in den Spiegel schaute. Dort sah ich eine Frau, die praktisch und patent für alle Lebenslagen gekleidet war – eine Frau, die natürlich nie von Männern zur Begrüßung hochgehoben und herumgewirbelt wird.
Plötzlich fielen die Groschen, und aus allen brachen ähnliche Geständnisse heraus. Eine Freundin erzählte, dass sie sich immer erschrickt, wenn sie die Frau in der Outdoorjacke mit dem praktischen Kurzhaarschnitt in der Spiegelung einer Schaufensterscheibe sieht, hat sie doch in ihren Träumen eine wallende Mähne. Eine andere gestand, dass sie in ihren Träumen eine sehnige und muskulöse Marathonläufern sei, aber das Gefühl hat, in mädchenhaften Blümchenkleidern viel mehr erreichen zu können, weil es

oftmals hilfreicher ist, unterschätzt zu werden, als stark und unabhängig zu erscheinen. Nach und nach fanden wir heraus, dass das innere Bild, das wir von uns haben, relativ wenig mit dem zu tun hat, was wir nach außen von uns zeigen.

Je mehr wir darüber sprachen, stellten wir fest, dass wir eigentlich wissen, wer wir sind und wer wir sein wollen. Doch unser Leben erlaubt es uns nicht immer, diese Vorstellung auch umzusetzen.

Als wir diese Zwänge, in denen wir steckten, genauer anschauten, erkannten wir, dass es schon möglich wäre, die Mauern, die uns daran hindern, unsere Träume zu verwirklichen, wegzureißen. Wenn man genauer nachdenkt, ob es wirklich immer praktisch sein muss oder ob bei der Arbeit ausschließlich ein dunkler Hosenanzug dazu beiträgt, ernst genommen zu werden, dann findet man schnell heraus, dass es oftmals nur Bequemlichkeit ist, nichts zu ändern. Wir sind gefangen in Glaubenssätzen, die uns vorschreiben, möglichst einer Situation angemessen gekleidet zu sein. Warum stellen wir diese Glaubenssätze nicht häufiger infrage?

Ich begann das Konzept »Kopfkleiderschrank« zu entwickeln und stellte mir vor, welche Kleider sich in diesem ersehnten Kleiderschrank befinden müssten, damit ich zu der Frau werden könnte, die ich sein will. Es war nicht leicht, mir diese Träumereien zu erlauben, denn unheimlich schnell war ich mit Gedanken wie »Das steht mir nicht« oder »Das kannst du unmöglich zur Arbeit anziehen« dabei, meine Träume zu zensieren. Aber würde ich das jemals herausfinden, wenn ich es nicht probierte?

»Ja, aber warum nähst du dir denn nicht das, wovon du träumst«, fragte schließlich eine Freundin. »Du kannst doch nähen!« Ich war irritiert, sie hatte recht. Stimmt, ich kann doch nähen, wieso nähe ich nicht einfach das, was ich gerne haben möchte? Als ich eine Weile über diese Frage nachdachte, stellte ich fest, dass auch eine Portion Mut dazugehört, den »Kopfkleiderschrank« zu verwirklichen. Letztlich ist es wie bei allem im Leben. Träumen ist einfach, aber die Träume auf die Probe zu stellen, erfordert den Mut, es mit der Realität aufzunehmen und die Möglichkeit einer Enttäuschung in Kauf zu nehmen. Hätte ich wirklich alles das gekauft, wovon ich träumte, wenn es so einfach in einem Laden erhältlich gewesen wäre? Hätte ich es angezogen? Hätte es mich glücklich gemacht? Warum ich Kleidung trug, die ich eigentlich gar nicht mochte, lag nicht nur an den begrenzten Auswahlmöglichkeiten an Kaufkleidung. Das größte Hindernis waren meine Schranken im Kopf. Es ist eigentlich ein bisschen verrückt, von einer Wespentaille zu träumen, wenn Bauch, Busen und Po etwas mehr Stoff brauchen, um bedeckt zu werden. Eigentlich war es undenkbar für mich, offensiv meine Taille mit einem Gürtel zu betonen, denn das entsprach nicht meinen Sehgewohnheiten, und trotzdem träumte ich von einer Sanduhrfigur. Es fällt so schwer, von gut geschnittenen Kleidern zu träumen, wenn man von Kindesbeinen an gelernt hat, dass kaschiert werden muss, was nicht dem herrschenden Schönheitsideal entspricht. Auch wenn ich von schwingenden Fiftieskleidern träumte, dachte ich im wachen Zustand, dass sie mir nicht stünden. Oder haben Sie schon mal in einer Frauenzeitschrift eine dicke Frau gesehen, die ungeniert figurbetonte Kleidung vorführt? Wohl eher selten. Ich zensierte meine Wünsche, ohne darüber nachzudenken, und vergaß, in Erwägung zu ziehen, dass auch in den Fünfzigern nicht alle Frauen so aussahen wie die ranken und schlanken Schauspielerinnen in den Hauptrollen.

Zu Beginn meiner Nähleidenschaft, nähte ich nicht gleich alles, wovon ich träumte, denn mein Horizont war noch begrenzt. Am Anfang ahnte ich noch nicht, welche Möglichkeiten mir jenseits der aktuellen Mode offen stehen.

Je mehr ich das Internet als Nähinspiration und Wissensquelle entdeckte, desto begeisterter wurde ich, als ich begriff, dass alles möglich ist, wenn ich für mich nähe.

Statt nur noch Kleidung an Models zu sehen, entdeckte ich neue Vorbilder, echte Menschen in selbst genähter Kleidung, die mir zeigten, dass eigentlich alle Frauen alles tragen können, ist es nur gut geschnitten. Mein Kopfkleiderschrank wurde durch das Betrachten selbst genähter Kleidung an echten Frauen stetig gefüllt und wäre förmlich geplatzt, wenn ich nicht begonnen hätte, mehr und mehr von dem Erträumten zu verwirklichen.

Als ich das Phänomen »Kopfkleiderschrank« verstanden hatte, arbeitete ich geduldig daran, Kleidungsstücke zu nähen, die meinem inneren Bild von mir entsprachen. Da Bekleidungsnähen natürlich länger dauert, als mal eben einkaufen zu gehen, konnte ich langsam, Schritt für Schritt, in meine neue Garderobe hineinwachsen. Es brauchte seine Zeit, bis ich mich an weite Röcke und den dazugehörigen Gürtel in der Taille traute, um meinem Traum von der Frau, die ich sein wollte, zu entsprechen. Dann passierte etwas Wunderbares: Plötzlich stimmten Innen und Außen überein, und ich wurde zu der Frau aus meinen Träumen!

Ich zeigte das von mir, was ich zeigen wollte, sah aus, wie ich aussehen wollte. Dadurch gewann ich eine große Selbstsicherheit, die meinem Selbstbewusstsein ein sicheres

DANN PASSIERTE ETWAS WUNDERBARES: PLÖTZLICH STIMMTEN INNEN UND AUSSEN ÜBEREIN, UND ICH WURDE ZU DER FRAU AUS MEINEN TRÄUMEN!

Fundament zementierte. Auch wenn mein Kopfkleiderschrank immer noch ein paar Stücke bereithält, die ich noch nicht genäht habe – es fühlt sich gut an, auf dem richtigen Weg zu sein!

Ich nähe mir die Welt, wie sie mir gefällt

Mit jedem Kleidungsstück, das ich mir nach meinen Wünschen nähte, fühlte ich intensiver, dass es tatsächlich in meiner Macht liegt, etwas zu ändern. Es fühlt sich so grandios an, etwas selbst zu schaffen! Mein Kopf und meine Hände, wir können zusammen etwas Neues entstehen lassen, das mich und die Welt um mich herum verändert. Diese Erfahrung machte stark, so stark und so selbstbewusst, dass es kein Wunder war, dass sich plötzlich auch andere Lebensbereiche zum Guten wendeten, denn meine positive Ausstrahlung half natürlich, in allen möglichen Situationen selbstbewusster aufzutreten, mein Leben in die Hand zu nehmen und zu gestalten. Im Nähen erlebte ich mich als »Macherin«, das gab mir Kraft, mit den Selbstbezichtigungen Schluss zu machen und auch in anderen Lebensbereichen aktiv zu werden.

Wenn ich Bekleidung für mich nähe, dann habe ich nicht nur die Freude an dem Einzelstück, das ich mir gerade geschaffen habe. Mit der Zeit wuchsen diese Einzelstücke zu einer kleinen Kollektion, und irgendwann stellte ich fest, dass ich fast nur noch selbst gemachte Kleidung trug. Das war ungefähr der Zeitpunkt, als ich realisierte, dass sich mehr verändert hatte, als nur der Inhalt meines Kleiderschrankes. Ich war aus dem Jammertal mit der Kraft meiner eigenen Hände herausgekommen und nun in der Lage, eigenverantwortlich meine äußere Hülle zu gestalten. Das, was man an mir als Erstes wahrnimmt, mein Äußeres, war plötzlich nicht mehr nur Schicksal, sondern genau so von mir gewollt. Mit dieser Erkenntnis wuchs ich innerlich gleich noch ein paar Zentimeter. Ich war zu Recht stolz auf mein Werk. Das Werk waren plötzlich nicht mehr nur die von mir genähten Kleidungsstücke, sondern auch mein neu gewonnenes Selbstbewusstsein und meine zufriedene Ausstrahlung. Endlich war ich aktiv geworden und hatte mein Leben in die Hand genommen. Das gab mir Kraft und Mut, diese neue Haltung, den Glauben, selbst etwas verändern zu können, auch auf andere Lebensbereiche zu übertragen.

Ich beobachte diese Veränderungen nicht nur an mir. Mittlerweile kenne ich viele Hobbynäherinnen und Nähbloggerinnen und beobachte ihre Veränderungen nun schon seit einigen Jahren. Viele haben sich verwandelt, ja man könnte sagen, sie sind regelrecht erblüht: Indem sie mehr und mehr den eigenen Stil fanden und das für sich herstellten, was ihnen passt, steht und guttut, entwickelten sie eine innere Stärke, die sie ausstrahlen. Es macht mich glücklich, das zu beobachten, und ich wünsche auch Ihnen, dass Sie durch mein Buch Lust bekommen, Ihr Leben in die Hand zu nehmen, und mit tollen Klamotten glücklich und erfolgreich werden!

2

Mein ganz persönlicher Kopfkleiderschrank

Erträumen Sie sich Ihre Garderobe, und erfinden Sie sich selbst! Dabei sind Ihnen keine Grenzen gesetzt. Mit jedem selbst genähten Kleidungsstück wird ein neuer Teil von Ihnen sichtbar. Gleichzeitig gehen Sie ganz anders durch die Welt, mit viel mehr Freude und Selbstbewusstsein ...

Werden Sie zu der Frau aus Ihren Träumen!

Kennen Sie die Frau aus Ihren Träumen? Bestimmt! Und wenn nicht, dann lehnen Sie sich zurück und denken Sie an Filme, die Sie schon lange mögen, und Bücher, die Sie lieben. Ich bin sicher, es gibt einige Stilvorbilder, die Sie heimlich verehren. Und jetzt weisen Sie diese bitte nicht barsch zurück, nur weil sie so wenig mit Ihrem Leben, Ihrer Figur und Ihren Handwerkskünsten zu tun haben! Ich versichere Ihnen, es ist mehr möglich, als Sie zunächst denken!

Für mich bestand die größte Diskrepanz zwischen der Frau aus meinen Träumen und meinem täglichen Leben darin, dass ich in der Regel Hosen trug und keine Kleider. Ich fürchtete, 50er-Jahre-Kleider zu nähen, wäre sehr schwierig. Vor so einer Näh-Herausforderung hatte ich Respekt. Aber selbst, wenn ich so ein Traumkleidungsstück schon zu Beginn meiner Nähkarriere erfolgreich beendet hätte: Hätte ich mich darin wohlgefühlt?
In manche Kleidungsstücke muss man erst hineinwachsen – genau wie in den Kopfkleiderschrank!

Es braucht etwas Übung, um zu der Frau zu werden, die wir in unseren Träumen bereits sind. Also fangen Sie langsam an.

Für mich war es ein guter Weg, mit Röcken zu beginnen. Röcke sind relativ einfach zu nähen, und es gibt sie in den verschiedensten Silhouetten. Ich konnte mich schon mal daran gewöhnen, mich anders zu bewegen, schließlich kann man sich in einem Rock nicht einfach so hinflätzen wie in einer Jeans. Ich nähte also eine ganze

Reihe von Röcken, bis ich mich an das erste Kleid traute. Das war gut so! Ich brauchte etwas, um mich an fehlende Hosen zu gewöhnen und passende Schuhe und Accessoires zu finden, die mich langsam meinem Traumbild näher brachten. Ich brauchte meine Zeit, mich in mein neues Ich hineinzufinden.
Wenn Sie möchten, dann entwerfen Sie eine perfekte Garderobe für sich. Machen Sie Pläne. Formulieren Sie Wünsche.
Machen Sie eine Collage mit Bildern aus Zeitungen, oder sammeln Sie inspirierende Bilder auf Pinterest. Ganz nach Ihrem Geschmack. Aber notwendig ist das nicht. Von mir aus reicht es, wenn Sie träumen und sich ein Projekt für den Anfang aussuchen. Eine lange Reise beginnt mit einem ersten Schritt und nicht mit der Anschaffung unzähliger Reiseführer.
Nähen Sie zuerst ein Projekt, das Sie auch fertig bekommen. Ein einfaches Erfolgserlebnis, auf das Sie stolz sein können und das Ihnen zeigt, welch großartiges Gefühl es ist, etwas mit den eigenen Händen geschaffen zu haben und etwas Selbstgemachtes zu tragen.

Kopfnähen und Herznähen

Wissen Sie, wieso ich Sie jetzt nicht auffordere, eine Checkliste oder einen konkreten Plan zu machen, wie die genauen Schritte zu ihrer zukünftigen Garderobe aussehen sollen? Ich glaube, das funktioniert nicht. Früher oder später werden Sie mit besseren Nähfertigkeiten und zunehmender Selbsterkenntnis diesen Plan ohnehin über den Haufen werfen. Also, träumen Sie lieber, und lassen Sie Ihrer Fantasie freien Lauf, statt sich mit der Erstellung von Listen zu beschränken.

Sobald Sie mit dem Nähen angefangen haben und in Nähblogs herumstöbern, werden Sie sich vor lauter Inspiration sowieso kaum noch retten können. Sie werden immer wieder neue Wünsche haben, die Sie vorher noch gar nicht kannten, und Kleidungsstücke entdecken, in die Sie sich ungeplant schockverlieben und ohne die Sie plötzlich nicht mehr leben können.

Die Bloggerin La Couseuse unterschied einmal in einem Beitrag sehr schön in »Kopfnähen« und »Herznähen« (http://lacouseuse.wordpress.com/2015/07/26/vernunft-und-gefuehl). Während sich das Kopfnähen an einem vernünftigen Plan orientiert und Nähprojekte verwirklicht, die dem tatsächlichen Bedarf entsprechen, ist beim Herznähen das »Schwelgen in schönen Farben, spannenden Mustern und wundervoll anzufassenden Stoffen« erlaubt, und das

MEIN TIPP:

Ein Plan ist gut und schön, denn ein Plan gibt uns Sicherheit und Orientierung. Aber planen Sie nicht zu starr, denn sonst bringen Sie sich um den Genuss, schöne Stoffe nach dem Lustprinzip zu kaufen und auch mal verrückte Experimente zu nähen, um damit Kleidungsstücke auszuprobieren, die eine ganz neue Seite an Ihnen zum Klingen bringen.

Nähen wird als sinnliche Erfahrung genossen. Zwischen diesen beiden Polen bewegen sich alle Näherinnen in ihrer Nähkarriere. Manche folgen einem der beiden Extreme, andere wechseln ihre Vorlieben und pendeln ganz frei zwischen Kopf- und Herznähen. Es ist ein Hobby, alles ist erlaubt. Warum auch nicht.
Letztlich geht es auch gar nicht darum, genau die Frau aus Ihren Träumen zu werden. Solche Bilder schleppen wir oft schon seit Jahrzehnten mit uns herum. Nun sind wir erwachsen geworden und wissen sehr gut, dass Kleidung zu unserem Leben passen muss, damit wir uns darin wohlfühlen. Ohne zu sehr das Vernunftprinzip walten lassen zu wollen, empfehle ich Ihnen, sich eher auf einen offenen Prozess einzulassen, um »die Frau Ihrer Träume zu werden«, als zähneknirschend ein Ziel zu verwirklichen, das sich später als gar nicht perfekt herausstellt. Für mich ist es ein jahrelanger Prozess, meinen Kopfkleiderschrank zu verwirklichen und die Frau zu werden, die ich wirklich sein will, dessen Ende noch gar nicht abzusehen ist. Glücklicherweise! Es wäre doch schade, wenn alles schon perfekt und im Kleiderschrank keine Lücke mehr wäre!

Wer bin ich?

Wenn ich darüber nachdenke, wer ich eigentlich bin, komme ich sehr schnell zu der Erkenntnis, dass ich »viele« bin. Ich habe sehr unterschiedliche Rollen, die ich zum Teil mehrmals täglich wechsele und für die es sehr unterschiedliche Anforderungen an mich und meine Bekleidung gibt. Ich bin: berufstätige Frau, Verantwortliche-dafür-dass-das-Kind-gedeiht, interessante Gesprächspartnerin-für-den-Mann, Freundin, Nachbarin-die-die-Blumen-gießt, Teilzeit-Haushalts-Beauftragte, Hobbynäherin und vieles mehr.

Es gibt Rollen, da kann ich aussehen, wie ich will, und andere Gelegenheiten, bei denen ich schon mehr darauf achte, was andere von mir denken.

Ich möchte Sie gerne zu einem »Über-die-Grenzen-Denken« oder »Die-Komfortzone-verlassen-Denken« ermuntern. Aus lauter Gewohnheit sind wir schnell dabei, bestimmten Rollen bestimmte Kleidungsstücke zuzuordnen. Das ist natürlich praktisch, wenn es morgens schnell gehen muss und wir unter akutem Zeitmangel nicht dazu gezwungen sind, textil-kreativ werden zu müssen. Aber es ist auch verdammt langweilig! Sie haben es doch in der Hand! Genauso, wie ich im Homeoffice sehr gerne mal overdressed bin, gönne ich es mir auch mal, das Haus ungeschminkt zu verlassen.

Es ist sehr bereichernd, den eigenen Gefühlen nachzugeben und die Auswahl der Kleidung nach dem Lustprinzip zu gestalten.

Ich wünschte, mehr Menschen würden sich das öfter erlauben. Dabei habe ich überhaupt nicht die Befürchtung, dass plötzlich alle um mich herum nur noch in vergammelten Jogginghosen herumlaufen würden. Im Gegenteil! Würde es sich einbürgern, sich nach Lust und Laune zu kleiden, wäre unsere Welt vermutlich um einiges bunter, und der weitverbreitete Einheitslook aus Jeans und Funktionsjacke wäre Vergangenheit. Sie müssen gar nicht radikal denken! Ich fordere Sie nicht dazu auf, plötzlich nur noch wie ein bunter Hund durch die Gegend zu laufen oder Rokokokleider zu tragen, nur weil Sie davon träumen. Manchmal reichen schon kleine Veränderungen, die uns die angeblich so fixe Kleiderordnung aufbrechen lassen und so guttun. Tragen Sie mal einen Rock, statt morgens automatisch zur Hose zu greifen.

MEIN TIPP:

Haben Sie Vorbilder aus Romanen oder Filmen? Machen Sie es wie bei der von der Bloggerin mamamachtsachen.de ins Leben gerufenen Blogaktion "Channel This": Überlegen Sie, wie Sie mit dem, was Sie an Kleidung und Accessoires besitzen, so aussehen können wie diese fiktiven Figuren. Probieren Sie das Outfit an und fühlen Sie, was es mit Ihnen macht. Vielleicht ist genau so ein Styling das, was Ihnen im Alltag Kraft und Kreativität verleiht?

Es gibt Röcke, in denen man sehr wohl Fahrrad fahren kann! Oder brechen Sie angebliche Moderegeln: Wer schreibt Ihnen vor, dass Sie zum Kleid zwangsläufig elegante Schuhe mit hohem Absatz tragen müssen? Probieren Sie Ihre bequemen Lieblingsstiefel zum Kleid, und Sie werden möglicherweise feststellen, dass Sie das Kleidungsstück viel öfter als vorher aus dem Schrank holen. Gehen Sie zu Ihrem Kleiderschrank und misten Sie mal wieder aus. Geben Sie alles weg, oder ändern Sie um, was Sie sowieso nie anziehen. Upcycling ist voll im Trend: Schaffen Sie etwas Neues, das wirklich zu Ihnen passt. Überlegen Sie bei allen Kleidungsstücken, die Sie lieben, was das Magische an ihnen ist – genau davon brauchen Sie mehr!

Was will ich der Welt von mir zeigen?

Meine Außenwirkung vollständig selbst in der Hand zu haben, weil ich mir alles nähen kann, was ich gerne tragen möchte, ist einfach großartig – stellt mich aber auch vor ganz neue Herausforderungen. Während ich früher, als ich meine Kleidung noch nicht nähte, das Gefühl hatte, absolut nichts anzuziehen zu haben, ist es heute eher so, dass ich aus einem gut gefüllten Kleiderschrank mit den unterschiedlichsten Kleidungsstücken wählen kann. Plötzlich stellt sich die Frage: Wer will ich heute sein und was will ich der Welt von mir zeigen?

Jetzt habe ich die Qual der Wahl: Wenn ich unter mehreren Kleidungsstücken wählen kann, die zum Anlass passen, dann darf ich nun auch meine aktuelle Stimmung bei der Wahl der Kleidung mit einbeziehen. Wie geht es mir heute? Welche Menschen werde ich treffen und wie stehe ich zu ihnen? Brauche ich heute eher ein Kleidungsstück, das mir wie eine Rüstung Halt und Sicherheit gibt? Oder möchte ich lieber ein Kleidungsstück tragen, das meine gute Laune zeigt und mich schwungvoll durch den Tag begleitet?

Eine entscheidende Frage, bei der Wahl meines aktuellen Outfits ist: Wie sichtbar möchte ich heute sein? Es gibt Kleidungsstücke, die uns in der Masse verschwinden lassen, und andere, die deutlich ausstrahlen "Sieh her, hier bin ich!".

Beides kann – je nach Stimmung und Anlass – durchaus nützlich sein. Intuitiv greife ich an Tagen, an denen es mir nicht so gut geht, nach Kleidungsstücken, die weniger farbenfroh sind, die mehr der

üblichen Kleidungskonvention entsprechen und die mir aufgrund der Festigkeit des Materials und der Schnittführung Halt geben. Diese Auswahl treffe ich intuitiv, und das ist auch gut so, denn wenn es mir schon nicht so super geht, dann brauche ich weder eine Extraentscheidungsrunde vor dem Kleiderschrank noch die Aufmerksamkeit meiner Mitmenschen.
Doch erfreulicherweise sind solche Tage meist die Ausnahme. Es gibt schließlich auch noch diese wundervoll prickelnden Glückstage. An diesen guten Tagen oder dann, wenn ein besonders wichtiges Ereignis stattfindet, wäre es doch schade, wenn wir uns mit Kleidung unsichtbar machen würden!

Die meisten Menschen treffen auch an den Glückstagen intuitiv die richtige Kleiderwahl und entscheiden sich für Lieblingsfarben, Stoffe und Kleidungsstücke, die ihnen guttun und ein gutes Gefühl vermitteln.

Sie kennen vermutlich dieses Wahnsinnsgefühl, an einem herrlichen Sommertag den flatternden Rock an den nackten Beinen zu fühlen. Genau das meine ich. An anderen Tagen würden wir diesen transparenten Flatterrock niemals aus dem Schrank ziehen, aber es gibt Situationen, da ist er genau richtig und fühlt sich einfach perfekt an.
An den allermeisten Tagen geht es uns allerdings so, dass wir kaum bemerken, ob es uns gut oder schlecht geht. Nach meiner Beobachtung schenken die meisten Menschen diesen Ich-weiß-gar-nicht-so-genau-wie-es-mir-heute-geht-und-habe-auch-nichts-Aufregendes-vor-Tagen zu wenig Aufmerksamkeit.
Was spricht dagegen, diese 08/15-Tage zu einem guten Tag zu machen, indem Sie tragen, was Ihnen eine gute Ausstrahlung gibt?

Ziehen Sie etwas an, womit andere Sie endlich bemerken, etwas, in dem Sie einfach bezaubernd aussehen. Ein belangloser Tag kann zu einem guten Tag werden, wenn ein fremder Mensch Sie auf einmal freundlich und wohlwollend anlächelt, weil er sich an Ihrem Antlitz erfreut. Ein ganz normaler Arbeitstag kann zu einem guten Tag werden, wenn Sie die Aufgabe bekommen, die Sie sich seit Monaten heimlich wünschen, weil Sie plötzlich bemerkt werden – so toll, wie Sie aussehen!
Ich weiß, nicht jeder Tag ist ein Seht-her-hier-bin-ich-Tag. Aber ich möchte Ihnen Mut machen, an immer mehr Tagen das Gefühl zu genießen, sichtbar zu sein. Das ist zugegebenermaßen mit Risiko verbunden, denn an diesen Tagen zeigen Sie mehr von sich selbst und werden dadurch auch angreifbar. Es wird Menschen geben, denen das nicht gefällt und die Sie um Ihr Selbstbewusstsein beneiden. Es kann sein, dass das, was Ihnen entgegenkommt, wehtut, aber es wird Sie nicht umhauen. Je mehr Sie Ihren Kopfkleiderschrank realisiert haben und je mehr Sie sich in Ihrer Kleidung wohlfühlen, desto mehr steht Ihr Selbstbewusstsein auf einem sicheren Fundament. Immer weniger Menschen werden sich überhaupt trauen, etwas Negatives zu sagen, und wenn doch, dann lächeln Sie großzügig darüber hinweg, blicken Sie in den Spiegel und finden Sie sich zu Recht einfach großartig.

Nähen ist Selbsterkenntnis

Wenn Sie sich darauf einlassen, dann ist das Nähen der eigenen Kleidung ein riesiger Selbsterfahrungsprozess mit ungewissem Ausgang. Mit jedem selbst genähten Kleidungsstück wird ein neuer Teil von uns sichtbar. Wir haben die Chance, uns auszuprobieren und zu

WENN SIE SICH DARAUF EINLASSEN, DANN IST DAS NÄHEN DER EIGENEN KLEIDUNG EIN RIESIGER SELBSTERFAHRUNGS-PROZESS MIT UNGEWISSEM AUSGANG.

erleben, wie es uns damit geht. Vielleicht ist es nicht bei jedem Kleidungsstück, das Sie nähen, gleich aufregend, das macht nichts. Aber über die Zeit hinweg werden Sie entdecken, wie viel Sie ändern! Manche Näherinnen starten mit besonders farbenfrohen, bunten Nähwerken, die schon von Weitem »Ich bin selbst genäht« rufen, andere verlassen ihre Komfortzone nur langsam und nähen zunächst bewährte Kaufkleidung nach. Das ist Typsache, einen richtigen Weg gibt es nicht. Machen Sie, wonach es Ihnen ist. Wenn Sie zum Beispiel bisher gerne Dunkelblau getragen haben und Ihren ersten Rock in Dunkelblau und in einer ähnlichen Silhouette nähen, wie Sie ihn sich vielleicht auch gekauft hätten, dann ist der Unterschied zwischen einem gekauften Rock und Ihrem selbst genähten Werk für andere nicht offensichtlich. Aber Sie bemerken den Unterschied! Sie haben diesen Rock geschaffen: Sie haben sich genau überlegt, welchen Stoff, welchen Schnitt und welche Zutaten Sie kombinieren, und Sie können zu Recht stolz darauf sein, ihn mit eigenen Händen gemacht zu haben – selbst wenn Sie vielleicht mit dem einen oder anderen Detail noch nicht hundertprozentig zufrieden sind!

Wann genau der Moment ist, eingetretene Pfade zu verlassen und etwas Neues auszuprobieren, ist bei jeder Näherin anders.

Manchmal braucht es den richtigen Zeitpunkt oder einen bestimmten Anlass, um sich zu trauen, einmal etwas ganz anders zu machen. Das war bei mir auch so. Doch irgendwann begann ich, meinen eigenen Stil zu entwickeln.

Ich probierte neue Silhouetten und lernte, dass weitaus mehr möglich ist, als ich vorher dachte. Hätte ich früher meine Hand dafür ins Feuer gelegt, dass enge Röcke sehr viel vorteilhafter für mich sind als weite, denke ich heute das Gegenteil, ohne mich darauf zu versteifen, dass diese Aussage für den Rest meiner Tage gilt. Jedes neue Kleidungsstück ist ein kleines Experiment. Mit ihm probiere ich aus, was ich nach außen von mir, meiner Persönlichkeit, meinen Träumen und Wünschen zeigen will.

Wie sehe ich denn aus?

Eine der wertvollsten Erkenntnisse, die mir das Nähen schenkte, ist, dass ich nun weiß, wie ich aussehe. Ich glaube, vor dem Nähen und der mit dem Nähen verbundenen intensiven Beschäftigung mit meinem Körper, hatte ich nur ein sehr diffuses Bild von mir. Die Idee, wie ich aussehe, setzte sich aus verschiedenen Quellen zusammen: Neben dem täglichen Blick in den Spiegel gab es einige wenige Fotos, auf denen ich mich mal mehr oder weniger gelungen getroffen fand.

Dann gab es noch einen ganzen Berg an Vorurteilen, von denen ich annahm, dass andere genauso über mich denken würden. Das alles zusammen ergab ein wenig vorteilhaftes und gleichzeitig sehr ungenaues Bild von mir.

Die verschiedenen Informationen zusammenzusetzen, um daraus ein konsistentes Selbstbild zu schaffen, war nur schwer möglich. Aber ein objektives Bild vom eigenen Körper zu haben, ist unerlässlich, wenn man genau für diesen Körper Bekleidung nähen will. Ich musste mich also mit dem auseinandersetzen, was ist. Da hilft es nicht, den Bauch einzuziehen, denn das funktioniert nur für ein Foto.

Wer Bekleidung nähen will, muss den Körper vermessen. Es fühlt sich merkwürdig an, sich über eine Kleidergröße oder ein Gewicht zu definieren. Noch verwirrender wird es, wenn eine andere Person das Maßband zur Hand nimmt, Details ausmisst und die Maße aufschreibt. Ich kann mich noch gut an eine Phase meines Lebens erinnern, als ich beim Arzt nur rückwärts auf die Waage gegangen bin, um die relativen Veränderungen zu erfahren, weil mich die absoluten Werte verunsicherten.

Ein bestimmtes Gewicht zu hören, fühlte sich an wie ein Urteil: Schublade auf, Frau rein, Schublade zu.

Obwohl diese Zahl eigentlich nur wenig über eine Person aussagt – ein Phantombild könnte man aus dieser einzelnen Information jedenfalls nicht erstellen –, erzeugt sie ein Bild, eine Kategorie, die mich irgendwo zwischen mollig und dick einordnet. Aber haben Sie sich schon mal dicke Frauen genauer angesehen? Wenn man genau hinsieht, erkennt man, wie wenig sie sich gleichen. Bei der einen sitzt die Fülle am Po, die andere hat einen großen Vorbau. Obwohl beide vielleicht die gleiche Kleidergröße tragen oder dasselbe wiegen, können es völlig unterschiedlich aussehende Frauen sein. Beim Nähen brauchen wir diese absoluten Werte. Wenn ich nicht zumindest meine Maße für Brustumfang, Taille und Hüfte im Kopf habe, brauche ich gar nicht erst anzufangen, denn auch Schnittmuster gibt es in verschiedenen Größen, und diese orientieren sich an eben diesen Maßen. Doch die gute Nachricht ist: Absolute Maße beschreiben uns – aber es sind nur Zahlen, sie enthalten keine Wertung!

Vielleicht schoss Ihnen ein »Ach, du meine Güte« durch den Kopf, als Sie Ihre Maße das erste Mal hörten. Das ist verständlich, wenn

Sinje
www.strichfaden.de

Ich war ungefähr 14, als ich beschloss, Nähen können zu wollen. Woher diese Eingebung kam, weiß ich bis heute nicht – weder gab es in meinem Elternhaus eine Nähmaschine, noch hatte ich handwerklich begabte Familienmitglieder. Das Geradeausnähen lernte ich also in einem Patchworkkurs. Der ästhetisch fragwürdige, gelb-braune Quilt aus Pferdemotivstoffen verschwand ziemlich schnell im Keller, doch meine Leidenschaft für das Nähen war geweckt: Fortan war ich zu jeder Tages- und Nachtzeit mit der Produktion von Taschentuchtäschchen und Kissenhüllen beschäftigt.

Irgendwann brauchte ich eine neue Herausforderung und beschloss, eine Bluse aus der Burda zu nähen. Bei diesem Projekt entdeckte ich auch das Internet: Egal, welche Frage ich hatte – es gab immer jemanden, der sie schon einmal ausführlich und bebildert beantwortet hatte! Es ist wohl unnötig zu erwähnen, dass ich diese Bluse nie getragen habe. Aber die Faszination, aus einem flachen Stück Stoff ein dreidimensionales Kleidungsstück herzustellen, ist es, was ich heute noch am Nähen so liebe.

Sie als Vergleichswerte nur 90–60–90 im Kopf haben, aber das soll Sie nicht verschrecken. Wie viele Frauen kennen Sie, die 90–60–90 haben oder aussehen wie Barbie? Na also! Nehmen Sie Ihre Maße so, wie sie sind, und beginnen Sie erst gar nicht damit, sich zu bewerten.

Es sind nur Zahlen, die Ihnen helfen, passformgenaue Kleidung für Ihren ganz speziellen Körper herzustellen. Sie sind, wie Sie sind, und welche Kleidergröße daraus resultiert, ist egal. Sie brauchen diese Maße, um für sich und Ihre selbst genähte Garderobe das Optimum herauszuholen. Im Laufe des Nähens habe ich noch andere Erfahrungen gemacht, um meinen Körper besser kennenzulernen. So habe ich zum Beispiel mit einer Freundin einen Bodygraphen erstellt (Anleitung ➤ Seite 136). Ein Bodygraph ist eine Zeichnung Ihrer Körperumrisse in Echtgröße und bringt aufschlussreiche Erkenntnisse über die eigenen Proportionen. Malen Sie gemeinsam mit einer Freundin Ihre Körperumrisse, hängen Sie sie auf, treten Sie ein paar Schritte zurück und versuchen Sie, die Zeichnung möglichst wertfrei zu interpretieren.

So ein Bodygraph ist eine spannende Sache, um sich selbst und den eigenen Körper kennenzulernen.

Zum Beispiel erkennt man anhand der Körperzeichnung sehr häufig, dass links und rechts nicht gleich sind und der Körper also nicht symmetrisch ist. Der Bodygraph lehrt uns eine Menge über unseren Figurtyp und zeigt uns, warum standardisierte Kleidung immer an bestimmten Stellen zwickt. Die Besonderheiten und Knackpunkte des Körpers werden deutlich, besonders, wenn man die Übung mit einer Freundin macht und beide Umrisse miteinander vergleicht.

Ich brauchte eine Weile, um mich mit diesem Bild meines Körpers anzufreunden und zu versöhnen, unterschied es sich doch sehr von den Idealbildern, die ich im Kopf hatte.

Erst als ich mich an mein höheres Ziel erinnerte, passformgenaue Kleidung für mich zu schneidern, konnte ich wertneutraler herangehen und mich fragen, welche Ansprüche ich an Kleidung für mich stelle, wenn ich dieses Bild vor Augen habe.

Genau das ist der Punkt! Wenn wir unsere Kleidung selbst nähen, können wir Schluss machen mit Selbstzweifeln und Selbstoptimierung. Wir drehen den Spieß um, formulieren hohe Ansprüche an unsere Kleidung und realisieren sie. So werden wir aktiv und produktiv, statt uns durch schlechte Gefühle zu lähmen.

Basteln Sie sich Ihre eigene Anziehpuppe

Ein Bodygraph ist toll, aber ziemlich groß. Probieren Sie als Nächstes eine Figurine! Das ist eine Umrisszeichnung eines Körpers, die von Modedesignern »angezogen« wird, um zu sehen, wie ein späteres Kleidungsstück wirkt. So eine »Anziehpuppe« von sich selbst, können Sie ganz leicht selber machen (Anleitung ➜ Seite 138). Möchten Sie zum Beispiel einen bestimmten Kleiderschnitt realisieren und können sich nur schwer vorstellen, ob Ihnen die Variante mit engem oder weitem Rock besser steht, dann hilft Ihnen Ihre Figurine. Nehmen Sie zwei Ihrer Figurinen und malen Sie nach dem Vorbild der Zeichnung auf dem Schnittmuster das Kleid einmal in der engen und einmal in der weiten Variante auf die Figurine. So können Sie schon vor dem Nähen herausfinden, ob Ihnen diese Proportionen stehen.

Ähnlich wie beim Bodygraph fremdelte ich zunächst mit meiner Figurine. Wer ist diese pummelige Frau? Das sollte ich sein? Aber was nützt es, wenn ich Schnittmuster an Menschen präsentiert bekomme, die nicht meine Figur haben? Ebenso wie bei Modezeitschriften muss ich anschließend Gehirnschmalz aufwenden, um mir vorzustellen, wie dieses Kleidungsstück an meiner Figur aussehen könnte. Wenn ich eine Figurine habe, kann selbst jemand wie ich, die wirklich sehr wenig fürs Malen begabt ist, erahnen, ob mir eine bestimmte Silhouette oder ein Kleidungsstück stehen könnte oder eben nicht. Durch die Beschäftigung mit meinen Maßen, dem Bodygraph und der Figurine wurde ich dazu gezwungen, mich zu sehen und mich anzunehmen, wie ich wirklich bin. Diese Erkenntnis verschaffte mir eine gute Ausgangsposition dafür, passgenaue Bekleidung zu nähen, sie bewahrte mich vor zu riskanten Projekten. Ich konnte nun realistische Entscheidungen bei der Schnittauswahl treffen, statt einem nicht realisierbaren Frauenbild hinterherzulaufen und ein UFO (ein unfertiges Objekt, wie es bei Hobbynäherinnen heißt) zu nähen, das anschließend im Mülleimer landet und schlechte Gefühle bereitet.

Mittlerweile habe ich mich an mich gewöhnt. Je mehr schöne Kleidung ich für mich und meinen Körper nähte, umso unbedeutender wurden Zahlen und pummelige Figurinen.

Egal, wie ein Körper geformt ist: Es ist möglich, für diesen speziellen Körper schöne Kleidung zu nähen, die der Trägerin schmeichelt und in der sie sich wohlfühlt. Das ist alles, was zählt!

NÄHEN MACHT GLÜCKLICH

Nähen ist die Lösung!

Es dauerte eine Weile, bis ich mit meinem Körper Frieden schloss und ihn so annehmen konnte, wie er nun mal ist. Doch das Ergebnis war magisch, denn nun kann ich Dinge zaubern, die genau diesen Körper schmücken. Es bringt nichts, zu hadern! Wir haben nur einen Körper und sollten eher dankbar sein, wie gut und zuverlässig er uns die meiste Zeit durchs Leben trägt.
Genau für diesen Körper nähe ich nun am liebsten. Dieses Glücksgefühl, das ich immer wieder beim Nähen oder beim Tragen meiner selbst genähten Garderobe bekomme, hatte ich schon bei meinen ersten selbst genähten Kleidungsstücken. Endlich passte mal etwas, endlich hatte ich etwas zum Anziehen, das niemand außer mir hat, das genau für mich gemacht ist! Auch wenn ich wusste, dass man beim genaueren Hinsehen die eine oder andere schiefe Naht oder sonst ein Detail entdecken würde, das ich beim nächsten Werk noch besser machen könnte.
Ich war stolz wie Bolle und fühlte mich rundum glücklich und gut angezogen. Wir selbst sind die härtesten Kritikerinnen. Wir sehen uns mit skeptischem Blick und suchen andauernd nach Fehlern – egal, ob es sich um unseren Körper oder um Werke handelt, die wir mit unseren eigenen Händen geschaffen haben. Dabei haben wir es verdient, stolz zu sein! Wir sind ein wertvolles Individuum, das es so auf dieser Welt nicht noch einmal gibt, und wenn wir etwas geschaffen haben, dann ist das eine Leistung. Viel zu selten kniet jemand vor uns – das hat aber auch den Vorteil, dass die allerwenigsten Menschen bemerken können, dass der Saum eines selbst genähten Rockes möglicherweise nicht ganz perfekt angenäht ist. Die wenigsten Menschen kommen uns so nahe, um das kleine Fältchen zu entdecken, das sich vielleicht beim Einsetzen des

Ärmels eingeschlichen hat. Und vermutlich wird niemand bemerken, wenn bei einem Streifenstoff das Muster nicht perfekt zusammenpasst. Die Einzigen, die so etwas merken, sind Menschen mit textiler Leidenschaft, die selbst sehr gut wissen, wie es ist, ein Kleidungsstück herzustellen. Diese werden Sie nicht auf die Fehler hinweisen, denn Fehler gehören zum Lernprozess einfach dazu – das weiß jeder! Sie werden Sie ansprechen, wenn ein Kleidungsstück etwas ganz Besonderes ist, wenn es gut passt oder wenn ein Muster sich perfekt zusammenfügt, denn das gibt es bei Kaufkleidung in den seltensten Fällen.

Nähen ist die Lösung! Wenn Sie Ihre Kleidung selbst nähen, dann können Sie die Ärmel so lang nähen, wie Ihre Arme es brauchen, Sie können die Farben nutzen, die Sie besonders lieben, und Sie können überall Taschen anbringen, wo es im Alltag nützlich wäre. Nähen bedeutet, dass Sie etwas für sich tun. Vielleicht klingt es pathetisch, aber Sie nähen für den wichtigsten Menschen der Welt. Wenn Sie nähen, dann spielen angebliche Figurprobleme keine Rolle. Sie kennen die Besonderheiten Ihres Körpers, und Sie nähen sich Kleidungsstücke, die genau diesem Körper schmeicheln. Und Sie werden sehen: Nähen macht glücklich.

3

Schritt für Schritt zur selbst gemachten Garderobe

Nähen ist keine Zauberei! Die nötigen Techniken lernen Sie beim Tun wie von selbst. Starten Sie mit einfachen Projekten und trauen Sie sich langsam auch schwierigere Projekte zu. Sie werden sehen: Mit der Zeit wächst Ihre Garderobe zu einer Sammlung von lauter Lieblings-Kleidungsstücken heran.

Im Kopfkleiderschrank ist unendlich viel Platz

Seit ich nähe, interessiere ich mich plötzlich für Mode. Ich laufe mit staunend geöffnetem Mund wildfremden Menschen hinterher, die ein Kleidungsstück mit einer besonders interessanten Schnittführung tragen. Ich gehe mit viel wacheren Augen durch die Welt, erfreue mich an besonders gelungenem Design und sorgfältiger Handwerksarbeit. Und ich sammle unendlich viele Inspirationen für meine nächsten und übernächsten Projekte.

Dabei versuche ich, mir so wenig gedankliche Grenzen wie möglich zu setzen. Während ich früher dachte »Das gibt es nicht in meiner Größe, weil es mir gar nicht stehen würde«,

MEIN TIPP: Gehen Sie in ein Geschäft Ihrer Wahl und probieren Sie verschiedenste Modelle einfach so zum Spaß an. Testen Sie ruhig auch Kleidungsstücke, von denen Sie vielleicht bisher glaubten, dass sie Ihnen nicht stehen, oder die auf den ersten Blick nicht Ihr Stil sind. Lassen Sie sich davon überraschen, wie die Kleidungsstücke wirken, wenn Sie sie anziehen. Vielleicht entdecken Sie völlig neue Outfits für sich!

lasse ich so einen Glaubenssatz heutzutage nicht mehr zu.
Das gibt es vielleicht nicht in meiner Größe, weil sich bisher noch niemand getraut hat, so etwas anzubieten. Das heißt noch lange nicht, dass es an mir nicht ganz fantastisch aussehen könnte! Natürlich ist es ein Wagnis, sich etwas zu nähen, ohne es vorher anprobieren zu können. Wann immer es geht, versuche ich deshalb im Vorfeld wenigstens etwas Ähnliches in einem Geschäft zu finden und zum Test anzuziehen.
Aber nicht immer geht das vorherige Anprobieren, und manchmal schaue ich mir meine bemalte Figurine an und bin auch nicht schlauer als vorher, denn wie sich ein Kleidungsstück letztlich anfühlt, wenn wir damit laufen, stehen und sitzen, zeigt sich manchmal erst im Langzeittest. Oft ist Nähen tatsächlich ein Wagnis, und wir können nicht vorhersagen, ob das, was wir uns für uns erträumen, tatsächlich mit diesem Schnitt, mit diesem Stoff und für unseren Körper funktionieren wird. Aber machen solche Risiken das Leben nicht auch sehr spannend? Der Kopfkleiderschrank hat keine Grenzen. Die gute Nachricht ist: Es wird nie langweilig, wir können unser Hobby unser Leben lang ausüben und uns dabei immer weiterentwickeln und neue Abenteuer erleben.

Wie lernen Sie am liebsten?

Früher wurde Handarbeitswissen von Generation zu Generation weitergegeben. Mutter und Großmutter nähten und strickten, so ergab es sich fast wie von selbst, dass Töchter in diese handwerklichen Fertigkeiten eingewiesen wurden. Heutzutage gibt es viele Menschen, die noch nie etwas genäht haben. Doch dafür gibt es Nähkurse: Sie treffen Gleichgesinnte, haben eine Expertin an der

Hand, die Ihnen bei den ersten Schritten alles erklären und weiterhelfen kann, und können vielleicht sogar eine Nähmaschine ausprobieren, falls Sie zu Hause noch keine haben. Nähkurse gibt es an fast jeder Volkshochschule, in Näh-Cafés, in Stoffläden oder im Nähmaschinenhandel.

Allerdings ist Nähkurs nicht gleich Nähkurs. In meinem ersten Nähkurs geriet ich an eine pensionierte Schneiderin. Diese Dame konnte bestimmt exzellent schneidern, aber sie war nicht die richtige Lehrerin für mich. Immer und immer wieder musste ich alles auftrennen, bis das gestrenge Fräulein Rottenmeier mit der Qualität der Naht zufrieden war. Damit hätte sie mir fast den Spaß am Nähen verdorben. Aber natürlich sind nicht alle Nählehrerinnen so!

Eine tolle Alternative zu Nähkursen sind privat organisierte Nähkränzchen: Zwei oder mehr Näherinnen treffen sich regelmäßig oder unregelmäßig, um ein paar Stunden zu nähen. Auch wenn es etwas aufwendig ist, den Stoff, die Zutaten und die Maschine irgendwo hinzutransportieren – Nähkränzchen sind eine hervorragende Möglichkeit, voneinander zu lernen, und machen großen Spaß. Erstaunlicherweise haben die allermeisten Hobbynäherinnen, die ich kenne, sich das Nähen selbst beigebracht. Sie tüftelten so lange herum, bis sie es heraushatten, wie die Maschine funktioniert. Sie bevorzugten es, einfach anzufangen und immer dann, wenn eine Schwierigkeit auf dem Weg lag, in einem Nähbuch oder im Internet nach der passenden Lösungsmöglichkeit zu suchen. Manche studieren jedes Wort einer Schnittanleitung und folgen ihr brav, während andere einfach nur die Schnittteile verwenden und nähen, wie es ihnen sinnvoll erscheint.

Ich habe das Gefühl, dass eine Generation von Hobbynäherinnen herangewachsen ist, deren Tun sich sehr von professionellen

Schneiderinnen unterscheidet. Weil keine strenge Lehrerin im Nacken sitzt, sind diese modernen Hobbyschneiderinnen sehr frei darin, wie sie Dinge tun und auch was sie sich zu welchem Zeitpunkt zutrauen. Es zählt mehr der Stolz auf das geschaffene Werk als der Antrieb, alles möglichst korrekt zu machen. Es ist, als hätte das Motto »Hauptsache es hält, alles andere ist Design« der Firma Farbenmix (http://creativa.messeblogs.de/hauptsache-es-haelt-alles-andere-ist-design), die vor mehr als 10 Jahren aufbrach, das Nähen in Deutschland moderner zu machen, große Wirkung gezeigt:

Nicht nur die Nähwerke wurden bunter, auch die Haltung gegenüber dem Nähen hat sich geändert: Nähen soll heutzutage einfach nur Spaß machen. Wir nähen nicht aus einer Notwendigkeit heraus, sondern weil wir es wollen.

Das bringt eine große Leichtigkeit mit ins Spiel, und viel mehr Frauen trauen sich, mit dem Nähen zu beginnen. Gerade denjenigen, denen der Spaß am handwerklichen Tun im Handarbeitsunterricht genommen wurde, oder denjenigen, die glauben, das wäre alles unheimlich kompliziert und für sie nicht machbar, möchte ich immer wieder zurufen: »Probieren Sie es doch einfach mal!« Wir sind von unserer komplizierten Welt oft so gehemmt, dass wir es verlernt haben, wie Kinder einfach mal etwas auszuprobieren, und ich glaube, es tut uns gut, das hin und wieder wenigstens in einem Hobby zu machen. Umso erfreuter war ich, dass ich genau das von vielen Hobbynäherinnen hörte: Sie haben Freude daran, sich auszuprobieren, sie haben Freude daran, Teile zusammenzupuzzeln und daraus etwas entstehen zu lassen, und sie haben Freude daran, ganz unbedarft etwas Neues zu lernen und sich mit anderen darüber auszutauschen.

PROBIE
SIE
EINFACH

REN
ES DOCH
MAL

Es gibt viele Möglichkeiten, das Nähen zu lernen. Vielleicht sind Sie der Typ für einen Nähkurs, aber vielleicht sind Sie lieber diejenige, die sich Dinge selbst beibringt. Aber für Sie alle gibt es dieses Buch, das Motivation sein will, es wenigstens zu versuchen.

Was muss ich können, um loszulegen?

Ich kenne Menschen, die trauen sich erst, bestimmte Dinge zu tun, wenn sie wirklich sicher sind, dass sie alles Notwendige darüber wissen und alles perfekt können. Viele dieser Menschen sind so lange mit den Vorbereitungen beschäftigt, dass sie anschließend gar nicht zur Realisation kommen, weil ihnen schlichtweg die Zeit fehlt oder auf dem Weg die Motivation abhandengekommen ist. Davor will ich Sie bewahren! Im Prinzip müssen Sie gar nichts können, um damit loszulegen, sich eigene Bekleidung zu nähen! Wenn Sie den Rockschnitt am Ende dieses Buches ausprobieren, dann bekommen Sie alle Informationen, die Sie brauchen, um sich Schritt für Schritt dem Ergebnis zu nähern.

Sie brauchen nur ein bisschen Mut, Neugierde, etwas Neues zu wagen und die Lust auf einen tollen Rock.

Okay, wenn Sie es unbedingt möchten, dann nähen Sie eben zuerst ein Kissen, falls Sie vorher noch niemals an einer Nähmaschine gesessen haben. Aber ich bin der festen Überzeugung, dass das nicht nötig ist. Um die Scheu vor der Maschine zu verlieren, nähen Sie einen Abend lang Lavendelsäckchen aus alter Bettwäsche, um ein Gefühl für die Geschwindigkeit zu bekommen und das Einfädeln zu üben. Wenn Ihnen das Arbeiten nach Gebrauchsanweisung nicht liegt, dann suchen Sie sich einen Nähkurs, um nicht alleine zu Hause mit dem Projekt dazustehen. Aber glauben Sie mir: Sie müssen im Nähkurs wirklich nicht zuerst ein Kissen üben, starten Sie mit einem Rock!

Wo finde ich Inspiration?

Heute würde ich eher sagen: »Wo finde ich keine Inspiration?« Denn wenn man einmal angefangen hat, zu schauen, sieht man überall Dinge, die man nachmachen möchte. Eine bekannte Quelle für Inspirationen sind natürlich Bücher und Zeitschriften. Gerade Zeitschriften, die mehrmals im Jahr erscheinen, haben immer wieder aktuelle Themen und jahreszeitlich passende Ideen für Selbermacherinnen.

Dann ist da natürlich noch das Internet, das unendliche Möglichkeiten bietet, um sich inspirieren zu lassen. Das ist toll, und gleichzeitig ist es auch hochgradig verwirrend. Wo soll man anfangen? Ein guter Einstiegspunkt für Selbermacherinnen ist die Plattform »Pinterest«. Dort legen Menschen Ideen ab, die ihnen gefallen, und zwar mithilfe eines Fotos. Man sieht etwas, was einem gefällt, klickt drauf und wird zu der Website weitergeleitet, auf der mehr über das interessante Objekt steht. Sucht man nun auf einer Plattform wie Pinterest etwas gezielter, um etwas selbst zu machen, dann sucht man unter Kategorien wie »DIY« oder »Nähen« und »Anleitung« – je nach Geschmack auf Deutsch, Englisch oder in einer anderen Sprache. Meist kommt man dann auf einen Blog, in dem jenes hübsche Objekt, das die Aufmerksamkeit auf sich gezogen hat, beschrieben wird. Dort steht dann auch eine Anleitung, wie man so etwas selbst fertigen kann, oder es wird die betreffende Anleitung verlinkt. Eine andere Möglichkeit zur Inspiration ist die weite Welt der Blogs. Diese sehr einfache Form des Publizierens macht es jedem möglich, eigene Gedanken einem größeren Publikum vorzustellen. Wenn Sie Blogs suchen, auf denen selbst genähte Kleidungsstücke vorgeführt werden, dann suchen Sie doch mal in einer Suchmaschine unter Stichworten wie: »Anleitung Rock Blog«. Und wenn Sie dann noch von der normalen Suche auf die Bildersuche wechseln, können Sie sogar auswählen, welcher Rock Sie besonders interessiert. Mit einem Klick aufs Bild werden Sie zu dem betreffenden Blogbeitrag weitergeleitet.

Das Wunderbare an Blogs ist, dass jeder Blog, auf den Sie zufällig stoßen, Ihnen die Weiten des Internets ein wenig näherbringt, denn die meisten Blogs haben eine Linkliste zu anderen lesenswerten Blogs.

Schnell kommen Sie beim Surfen vom Hundertsten ins Tausendste. Besonders gut an Blogs gefällt mir die (meist) ehrliche Rezension von Schnittmustern. Denn viele Hobbynäherinnen liefern nicht nur entsprechende Anleitungstexte sondern nennen auch frank und frei die jeweiligen Vorteile und Tücken eines Schnittmusters. Ein Bild von »echten« Frauen, das verrät oft mehr als tausend Worte. Gute Startseiten, um Nähblogs zu entdecken, sind Verlinkungsaktionen wie der »Me Made Mittwoch« (http://memademittwoch.blogspot.de), die renommierteste deutsche Verlinkungsaktion für das Nähen von Damenbekleidung. Jeden Mittwoch werden auf dem »Me Made Mittwoch«-Blog Links von Hunderten Nähblogs gesammelt, auf denen Frauen ihre selbst genähte neue oder bewährte Kleidung zeigen. Wie in einem Magazin können Sie sich durch die Beiträge klicken, sich inspirieren lassen und neue Lieblingsblogs finden.

© Richard Heinen

Karin
www.dreikah.de

Mit 13 Jahren habe ich angefangen zu nähen,

10 Jahre lang. Nach fast 20 Jahren Pause habe ich dann mit 40 wieder losgelegt. Beide Male aus demselben Grund: Ich wollte Farben und Muster tragen, die es in Läden nicht oder viel zu selten gibt. Ich probiere aus, was zu mir passt und worin ich mich wohlfühle. Und wenn mir meine Kleider auf den Leib geschnitten sind, gehe ich anders durch die Welt. Passform, Farbe, Mode sind von mir und nicht mehr fremdbestimmt. Ich werde mit der Zeit mutiger in den Schnitten, aber auch im Stil.

Durch das Internet habe ich eine Fülle von Informationen und bin gut vernetzt mit anderen Näherinnen weltweit. Wir helfen uns gegenseitig bei Schwierigkeiten und lernen voneinander. Es gibt tolle Tutorials, mit deren Hilfe man so ziemlich alles nähen kann. »Das kann ich nicht«, gibt's nicht. Einfach loslegen und begeistert sein, ist die Devise. Es lohnt sich, den Kampf mit einem »schwierigen« Nähobjekt aufzunehmen. Das Glücksgefühl und der Stolz beim Tragen eines selbstgenähten Kleidungsstückes sind unbeschreiblich. Ich wünsche es jedem!

Wo finde ich Anleitungen?

Ein Schnittmuster besteht aus den Schnittteilen aus Papier, die Sie als Vorlage nutzen, um Ihren Stoff zuzuschneiden, und einer Anleitung dafür, wie Sie die Schnittteile zusammennähen. Ein Schnittmuster enthält außerdem die Angabe, für welche Größen es entworfen ist, und eine Maßtabelle, mit der Sie Ihre Maße vergleichen können, um die passende Größe auszuwählen. Zudem gibt es Informationen dazu, welche Stoffe Sie verwenden können und welche Nähzutaten Sie brauchen, z. B. Reißverschluss oder Knöpfe.
Anleitungen für Nähprojekte gibt es als Einzelschnitt zu kaufen oder in Nähzeitschriften wie »Burda«, »Ottobre«, »Fashion Style«, »Meine Nähmode« oder »La Maison Victor«. Den besten Überblick über das Angebot an Nähzeitschriften bekommen Sie, wenn Sie eine Bahnhofsbuchhandlung besuchen, die hoffentlich auch groß genug ist, dass Sie in Ruhe die diversen Zeitschriften durchblättern können, ohne sie gleich kaufen zu müssen.
Einzelschnitte kauft man entweder dort, wo es auch Stoffe zu kaufen gibt, oder aber über das Internet. Der deutsche Markt wird stark von »Burda« beherrscht, aber auch die Schnitte der großen amerikanischen Schnittmusterfirmen wie »Vogue«, »Butterick«, »McCalls« und »Simplicity« bekommen Sie in Stoffläden und in Kaufhäusern mit einer Stoffabteilung – auch mit deutschen Anleitungen. Dort liegen große Musterbücher aus, aus denen Sie Schnitte auswählen können. In kleineren Stoffläden finden Sie eher Schnitte von kleineren europäischen Labeln, zum Beispiel »Onion«, »Farbenmix« oder »Sewaholic«. Eine noch größere Auswahl der Schnitte kleinerer Labels bekommen Sie über das Internet. Dazu müssen Sie diese Schnitte nicht direkt bei den Herstellern bestellen und damit Versandkosten aus dem Ausland

und Zoll in den Preis miteinkalkulieren. Viele dieser Schnitte von Independent-Labels sind auch bei Online-Zwischenhändlern wie »urban cut« oder »Santa Lucia Pattern« erhältlich. Interessante Quellen für Schnitte sind auch die Verkaufsplattformen »DaWanda«, »Etsy« und die »eBookeria«.

Während die großen Hersteller von Schnitten jahrelange Erfahrung mit der Produktion und dem Vertrieb von Schnittmustern auf Papier haben, entscheiden sich viele Nachwuchsdesigner dazu, ihre Schnitte als E-Books herauszubringen, die nach dem Kauf über das Internet heruntergeladen, auf DIN A4 ausgedruckt und zusammengeklebt werden. E-Books haben den großen Vorteil, dass sie sofort nach Zahlungseingang verfügbar sind und Sie mit spontanen Projekten sofort loslegen können. An das Zusammenkleben gewöhnt man sich schnell.

MEIN TIPP:

Egal, für welches Schnittmuster Sie sich entscheiden: Ich rate Ihnen, das Schnittmuster in der Kombination mit dem Wort "Blog" zu googeln, um zu sehen, welche Frauen (mit welcher Figur) es bereits genäht und welche Erfahrungen sie damit gemacht haben. Das liefert Ihnen wertvolle Informationen über das Schnittmuster und lässt Sie Fehler vermeiden, die anderen schon vor Ihnen passiert sind.

WENN SIE ALSO VON EINEM BESTIMMTEN KLEIDUNGSSTÜCK TRÄUMEN, DAS MÖGLICHERWEISE SCHWIERIGE DETAILS ENTHÄLT, DANN LERNEN SIE GENAU DAS BEIM NÄHEN.

Keine Angst vor Schnittmustern!

Viele Schnittmuster und Anleitungen sind in Schwierigkeitsgrade eingeteilt. Das macht es der Nähnovizin leichter, sich zu orientieren und ein Projekt auszusuchen, das sie sich zutraut. Aber nach welchen Kriterien werden diese Schwierigkeitsgrade verteilt? Kann man sich darauf verlassen? Ich bin keine große Freundin dieser Einteilung nach Schwierigkeitsgraden. Nach meinem Dafürhalten ist Nähen keine Hexerei, und es ist alles machbar und relativ schnell erlernbar, wenn man nur große Lust dazu hat.
Doch es gibt in der Tat Unterschiede zwischen den Schnittmustern. Ein Hinweis darauf, wie schwierig ein Schnittmuster ist, ist die Anzahl der Schnittteile und die Anzahl der Details, die auf den Schnittmusterteilen abgebildet sind. Das ist eigentlich logisch: weniger Schnittteile gleich weniger Arbeit. Wenn dann auch noch auf den Schnittteilen Details wie Falten, Reißverschlüsse, Taschen oder Kräuselungen fehlen, dann ist ein Kleidungsstück wirklich ratzfatz fertig. Aber wird Sie dieses Kleidungsstück auch glücklich machen? Soll ein Kleidungsstück wirklich passen, also sich an Ihren Körperformen orientieren und diese zart umschmeicheln, muss Kleidung modelliert werden, und genau das geschieht mit Details wie Falten oder Kräuselungen. Natürlich ist das mehr Arbeit, aber es ist keine Hexerei! Vielleicht brauchen Sie zum Nähen dann mehr als einen Nachmittag, vielleicht haben Sie sogar ein neues Kleidungsstück erst nach ein paar Wochen fertig, aber anschließend haben Sie etwas, worauf Sie stolz sein können und was Sie hoffentlich auch gerne tragen.
Lassen Sie sich also nicht unbedingt davon verführen, immer nur die einfachsten Schwierigkeitsgrade zu nähen. Auch wenn Sie Anfängerin sind, können Sie sich zumindest an die mittelschweren

Aufgaben wagen, denn nach meiner Meinung sollten Sie das nähen, wovon Sie träumen. Alles andere ist auf kurze und lange Sicht Zeitverschwendung. Wenn Sie also von einem bestimmten Kleidungsstück träumen, das möglicherweise schwierige Details enthält, dann lernen Sie genau das beim Nähen. Suchen Sie sich eine gute Anleitung, und üben Sie dieses Detail an einem leicht zu verarbeitenden Baumwollstoff, den Sie nicht mehr brauchen. Details wie Falten, Abnäher, Taschen oder Reißverschlüsse machen ein Nähprojekt schwieriger, aber nicht unmöglich!

Starten Sie mit einem Rock!

Sollte es Ihnen beim Lesen dieses Buches schon so in den Fingern kribbeln, endlich loszulegen und mit dem Nähen zu beginnen, brauchen Sie jetzt nicht loszugehen und nach einem passenden Schnittmuster zu suchen. Denn ich habe etwas für Sie: Ich möchte Ihnen ein Nähprojekt empfehlen, das Sie auch als Anfängerin meistern können und bei dem Sie eine Menge lernen, was Sie für das Nähen von Bekleidung brauchen. Ein Projekt, das einfach ist und gleichzeitig viele Vorteile des Selbernähens deutlich macht, das Sie dazu motiviert, Nähen zu Ihrem Hobby zu machen: einen einfachen Rock. Ein Rock, wie Sie ihn im Praxisteil dieses Buches finden (→ Seite 136), ist der erste Schritt zu einer maßgeschneiderten Garderobe. Es gibt kein schnelleres und sichereres Erfolgserlebnis. Ein einfacher Rock hat wenig Nähte, aber haben Sie einmal einen Schnitt, der Ihnen gefällt und gut passt, können Sie ihn in Variationen unzählige Male nähen.

Um schon jetzt davon zu träumen, mit was für Nähprojekten es weitergehen könnte, möchte ich Ihnen einen kleinen Ausblick geben.

Zum Rock brauchen Sie als Ergänzung Oberteile. Na, dann nähen Sie sich als Nächstes ein Shirt! Lassen Sie sich nicht weismachen, dass Jersey schwierig und zickig wäre. Solange Sie zunächst mit unkomplizierten elastischen Stoffen arbeiten, wird es mit den Erfolgserlebnissen weitergehen. Baumwolljersey kennen Sie sicher, daraus werden die meisten T-Shirts genäht. Feste Baumwolljerseys vernähen sich prima. Eine gute Wahl – auch für Jerseykleider – sind zudem Romanit und Courtelle, beides etwas dickere Jerseyqualitäten mit Elastan, damit Sie figurschmeichelnd fallen, ohne zu beulen. Diese drei Jerseys sind »freundliche« Stoffe, wie ich sie nenne, also leicht zu verarbeiten, obwohl sie elastisch sind. Als nächstes Projekt könnten Sie eine einfache Jacke aus Walk nähen. Walk ist ein Wollstoff, eine Art weicher Filz. Er liegt beim Zuschnitt »brav« auf dem Tisch, ohne zu rutschen oder zu rollen, und die Stoffkanten müssen noch nicht einmal versäubert werden, weil sie nicht ausfransen. Walk ist ein extrem »freundlicher« Stoff! Leider hat er den Nachteil, dass er nicht ganz günstig ist, aber diese Investition lohnt sich!

Wenn Sie meinen Tipps bis hierhin gefolgt sind, dann haben Sie schon ein ganzes Outfit! Sie haben einen Rock, ein Oberteil und eine Jacke - ist das nicht großartig? Sie können schon ganz schön stolz auf sich sein, so weit gekommen zu sein!

Ab jetzt steht Ihnen eigentlich jedes Nähprojekt Ihrer Träume offen. Nähen Sie als Nächstes Röcke mit mehr Schnittteilen, mit aufregenden Details, mit Falten oder Passen. Verlängern Sie Ihren Lieblingsshirt-Schnitt zu einem Kleid, und entdecken Sie die Bequemlichkeit von Jerseykleidern. Es gibt noch viel zu lernen, viele Stoffqualitäten zu entdecken und Nähtechniken auszuprobieren, aber Sie sind bereits auf dem Weg und darauf können Sie stolz sein!

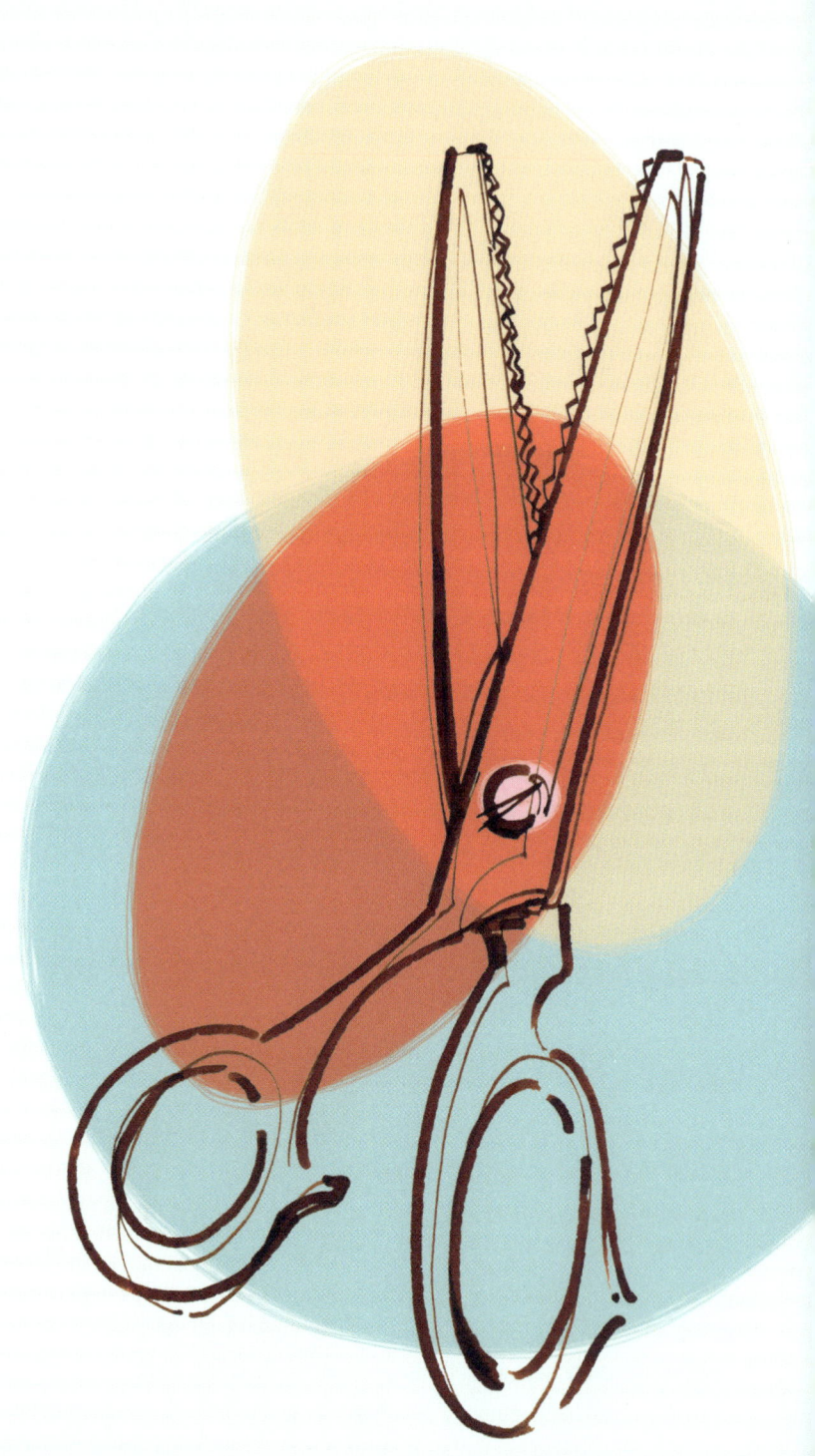

4

Alles, was Sie brauchen

Kribbelt es Sie schon in den Fingern? Sie brauchen nicht viel, um mit dem Nähen zu beginnen. Vielleicht können Sie sich für den Anfang eine Nähmaschine leihen? Legen Sie los: Schneidern Sie Kleidung, ganz individuell für Sie gemacht!

Was für eine Nähmaschine?

Zum Nähen brauchen Sie eine Nähmaschine, da kommen Sie nicht drumherum. Wenn Sie noch keine besitzen und sich auch keine ausleihen können, dann probieren Sie das Nähen erst einmal in einem Nähkurs aus, um herauszufinden, ob Sie die Nähleidenschaft packt, bevor Sie losziehen und sich eine kaufen.

Allerdings: Wenn es eine Frage gibt, die ich gar nicht beantworten kann, dann die, welches Modell es sein soll, denn die »richtige Nähmaschine für Einsteigerinnen« gibt es nicht. Der einzige – wirklich der einzige – Nachteil bei diesem Hobby ist die schwierige Entscheidung, mit welcher Nähmaschine man starten soll.

Idealerweise können Sie das Nähen irgendwo, gemeinsam mit anderen, an einer geliehenen Nähmaschine ausprobieren. Es gibt Nähkurse, bei denen Sie keine Nähmaschine mitbringen müssen. Der Vorteil: Die Nähkursleiterin kennt sich mit den dortigen Maschinen gut aus und kann Ihnen Hilfestellung geben.

Gut ist es auch, wenn Sie mit einer Freundin oder Ihrer Mutter die ersten Nähschritte unternehmen – auf deren Nähmaschine, die sie gut kennt.

Meine erste eigene Nähmaschine habe ich von meiner Oma geerbt: eine sehr preisgünstige Discounter-Nähmaschine. Sie nähte zwar einigermaßen, aber sobald die Spule leer war und ich sie neu aufwickeln und einsetzen musste, gab es garantiert Probleme. Der Faden riss, die Spannung stimmte nicht und ich war frustriert. In einem Nähkurs hatte ich viel Spaß gehabt, und jetzt saß ich zu Hause und war ständig den Tränen nahe, weil einfach nichts klappte. Eine neue Maschine musste her!

Im Nähmaschinenfachhandel war ich wie erschlagen: so viele Nähmaschinen und Preise von Huiuiui bis Die-sind-doch-bekloppt.

Ich fiel fast vom Stuhl, als ich erfuhr, dass es Frauen gibt, die für ihr Nähhobby eine Nähmaschine von mehreren Tausend Euro kaufen. Ich wollte einen soliden Kleinwagen – an den Porsches und Mercedes hatte ich kein Interesse. Bevor ich die Nähmaschine aussuchte, hatte ich mir überlegt, was sie können sollte: Da ich damals noch davon ausging, dass ich vor allen Dingen Kinderkleidung nähen würde, wollte ich, dass sie zum Hosenflicken problemlos über mehrere Lagen Jeans näht, und sie sollte auch mit elastischen Stoffen umgehen können. Doch Hosen flicke ich selten, und für Jersey kaufte ich etwas später eine Overlockmaschine. Der ach so kluge Tipp, ich solle mir im Vorfeld des Kaufes Gedanken über die Nutzung machen, nützte mir nicht viel, denn als Anfängerin konnte ich noch nicht voraussehen, wohin mich meine Nähleidenschaft bringen würde.

Oft höre ich auch den Rat, lieber eine gute gebrauchte Nähmaschine zu erwerben als eine billige neue. Dem stimme ich nicht ganz zu. Eine Maschine vom Discounter würde ich allerdings auch nicht empfehlen. Die dort manchmal angebotenen Maschinen haben zwar vertraut klingende Markennamen, aber sie sind nicht von der Qualität, die es im Fachhandel gibt. Um es noch deutlicher zu sagen: Es kann gut sein, dass Ihre Oma glücklich und zufrieden auf einer XYZ genäht hat. Ja, das mag stimmen, denn das war mal eine bekannte Marke für Nähmaschinen. Heutzutage steht allerdings dieser vertraut klingende Markenname der Discountermaschine nicht mehr für besondere Qualität. Bewährte Nähmaschinenmarken sind heutzutage Pfaff, Bernina, Janome, Brother, aber auch Elna oder W6. Und obwohl diese Maschinen zugegebenermaßen ziemlich teuer sind, haben auch diese Fabrikate Modelle für Einsteigerinnen, die Ihnen mindestens in den ersten Jahren gute Dienste leisten. Es lohnt sich, am Anfang etwas mehr Geld in die Hand zu nehmen! Gute alte, gebrauchte Nähmaschinen bestehen aus qualitativ hochwertigen Einzelteilen und sind nicht so ein Plastikkram wie die neueren Maschinen. Und doch würde ich einer Nähanfängerin trotzdem lieber eine neue, computergesteuerte Nähmaschine empfehlen. Bei einer neuen Nähmaschine ist das, was vor dem Nähen kommt, so einfach, dass es gar keine Überwindung kostet, einfach anzufangen.

Sollten Sie eine Maschine gebraucht kaufen oder aus dem Bekanntenkreis angeboten bekommen, fragen Sie am besten nach, warum diese Maschine nicht mehr benutzt wird. Dann prüfen Sie, bevor Sie sie annehmen, ob es sich um eine Qualitätsmarke handelt, die Sie auch im Fachhandel kaufen können, und investieren Sie in eine Inspektion. Maschinen, die nie benutzt wurden, weil sie die Vorbesitzerinnen nur ärgerten, sollten Sie auf keinen Fall nehmen, nur weil Sie Geld sparen wollen. Sie ersparen sich dadurch eine Menge Frust.

Wenn Sie mich fragen, dann investieren Sie zwischen 300 und 600 Euro in ein Modell der unteren Mittelklasse aus dem Fachhandel. Wenn Sie weniger Geld zur Verfügung haben, dann fragen Sie beim Nähmaschinenhändler nach gebrauchten und gewarteten Maschinen oder Vorführmodellen.

Bedenken Sie: Nähen ist toll, und jedes Hobby kostet Geld. Letztlich investieren Sie nicht in eine Maschine, sondern in Ihr Glück!

Wenn Sie noch nicht sicher sind, machen Sie lieber erst einen Nähkurs bei dem Sie sich, ohne den Kauf einer Maschine, ausprobieren können, und sparen Sie eine Weile, damit Sie nicht das billigste Modell kaufen müssen. Ersparen Sie sich den Ärger – es lohnt sich!

Eins noch zum Schluss: Sie sind gut beraten, erst mal eine Maschi-

SO, SIND SIE JETZT SO WEIT?

ne mit weniger Funktionen zu kaufen. Es ist am Anfang sehr verführerisch, von der Fachhändlerin Funktionen wie Zierstiche und Sticken vorgeführt zu bekommen. Aber fragen Sie Frauen, die nähen: Die wenigsten nutzen diese Zierstiche, und wenn ja, dann nur einige wenige. Eine kombinierte Näh- und Stickmaschine macht ähnlich viele Probleme wie ein Scanner-Drucker-Fax-Gerät. Und überlegen Sie mal, wie oft Sie faxen! Das einzige Feature, das ich hilfreich finde, ist eine Geschwindigkeitsregelung, die es gerade Anfängerinnen leichter macht. Alles andere halte ich für Schnickschnack. Mit einer Marken-Basismaschine sind Sie gut bedient. Sollten Sie später dann mal Geld übrig und festgestellt haben, dass Nähen Ihre größte Leidenschaft ist, dann können Sie immer noch ihren Maschinenpark um Nähmaschinen mit anderen Funktionen ergänzen (Overlock, Coverlock, Stickmaschine, Dampfbügelstation und und und) oder sich ein Luxusmodell gönnen.

Wo bekomme ich Material?

Weil Nähen wieder in ist, gibt es mittlerweile viele Stoffgeschäfte mit einem Angebot an modernen Stoffen aus aller Welt und interessantem Material. Sobald wir Bekleidung nähen, die wir auch im beruflichen Umfeld oder zu besonderen Anlässen tragen wollen, brauchen wir aber auch entsprechende Stoffe, die es eher in Läden mit einem konservativen Angebot gibt. Holländische Stoffmärkte sind auch eine gute Möglichkeit, Stoffe zu kaufen: Sie finden meist zweimal im Jahr statt und sind ein Paradies für Stoffliebhaberinnen, denn dort gibt es eigentlich nichts, was es nicht gibt. Vielen, die irgendwo in der Stoffdiaspora leben, ist weder das eine noch das andere vergönnt. Wie gut, dass es den Onlinehandel gibt.

Einerseits ist das natürlich schade, denn wie viel sinnlicher ist es, Stoff vor dem Kauf anzufassen, ihn zu streicheln, ihn vor dem Spiegel hochzuhalten, um zu wissen, ob er einem steht und für ein bestimmtes Projekt geeignet ist. Aber auf der anderen Seite: Es gibt mittlerweile so viele Stoffquellen, dass es tatsächlich möglich ist, einen ganz bestimmten Stoff in einer ganz bestimmten Farbe und Qualität schnell zu finden, wenn Sie im Internet suchen.

Viele Onlinehändler bieten den Service an, Muster zu schicken. Fragen Sie ruhig mal nach und investieren Sie gegebenenfalls in das zusätzlich anfallende Porto.

Und nutzen Sie die Erfahrungen anderer Näherinnen. Lesen Sie Nähblogs und in Foren (→ Seite 157), und entdecken Sie Stoffempfehlungen bzw. machen Sie nicht die gleichen Fehler noch einmal, den eine Hobbynäherin vor Ihnen schon mal mit einer bestimmten Stoffqualität gesammelt hat. Stoffe kaufen ist eine wahre Freude! Nichts ist schöner, als durch ein Stoffangebot zu schlendern oder zu surfen und sich den Träumen hinzugeben, was man alles aus diesem oder jenem Stoff zaubern könnte. Es braucht etwas, bis man herausgefunden hat, welche Stoffe zu welchen Kleidungsstücken und Schnitten passen, bis man gemerkt hat, was man mag und was zu einem passt. Da kann es schon mal passieren, dass der eine oder andere Fehlkauf dabei ist oder ein Kleidungsstück nicht hundertprozentig geworden ist, weil die Wahl des Stoffes ein Irrtum war. Aus Fehlern lernt man. Das gehört dazu, und manche Irrtümer schaffen sehr interessante Erkenntnisse. Alle Nähverrückten haben irgendwann ein gut gefülltes Lager an Stoffen, weil das Stoffkaufen und die Nähträume einfach so herrlich sind. Ich sehe das positiv: Ich bin für jede Eventualität gerüstet, sollte ich auf die Schnelle ein schier unstillbares Verlangen nach einem bestimmten Kleidungsstück haben. Wie andere Nähnerds auch, betrachte ich manchmal nur meine Stoffe, streichle sie und bin einfach froh, diesen Reichtum zu besitzen, der es mir ermöglicht, genau das zu nähen, was mich glücklich macht.

Wie viel Stoff muss ich kaufen?

Wenn Sie nach einem gekauften Schnittmuster nähen, dann bekommen Sie beim Kauf auch eine Information dazu, wie viel Stoff Sie – je nach Breite – für das geplante Projekt benötigen und von welcher Qualität dieser Stoff sein soll. Stoffe liegen meist 140 cm breit oder aber nur 110 cm. Beachten Sie dabei, dass für verschiedene Größen oft unterschiedlich viel Stoff gebraucht wird. Bei Mehrgrößenschnitten sind die Stoffangaben oft gereiht notiert, das heißt, dort ist für jede Größe (36, 38, 40, 42 und 44) die entsprechende Stoffmenge (150 cm, 155 cm, 165 cm, 170 cm, 175 cm) angegeben. Wenn Sie z. B. eine Größe 40 nähen, dann brauchen Sie 165 cm Stoff. Beachten Sie, dass Stoffe beim Vorwaschen einlaufen können, nicht immer ist das schon mit eingerechnet. Es schadet also nichts, wenn Sie 10 Prozent mehr Stoff kaufen.

Manchmal sehe ich einen tollen Stoff, weiß aber noch nicht, welches Schnittmuster ich für ihn einsetzen werde. Dafür lohnt es sich, ein paar Zahlen im Kopf zu haben, um genügend Stoff zu kaufen und trotzdem nicht zu viel Geld auszugeben. Messen Sie einmal fertige Kleidungsstücke aus, die Ihnen gut passen, um ein Gefühl dafür zu bekommen, was üblicherweise ihre Längen, Breiten und Höhen sind, und machen Sie sich eine Skizze, die Sie zum

WIE ANDERE
NÄHNERDS AUCH,
BETRACHTE
ICH MANCHMAL
NUR MEINE STOFFE,
STREICHLE SIE
UND BIN EINFACH
FROH, DIESEN
REICHTUM
ZU BESITZEN, DER
ES MIR ERMÖGLICHT,
GENAU DAS ZU
NÄHEN, WAS MICHT
GLÜCKLICH MACHT.

Stoffkauf mitnehmen können. Es gibt nichts Ärgerlicheres, als zu wenig Stoff zu haben, aber es ist genauso nervig, zu viel zu haben. Wenn man mit dem Nähen beginnt, hebt man auch noch kleinste Stoffstückchen auf. Mit der Zeit summieren sich diese Reste und belasten unser Gewissen, deswegen ist es günstig, etwas zielgerichtetere Mengen zu kaufen. Meist flüstert ein Stoff sehr deutlich »Ich will ein Rock werden« oder »Ich will ein T-Shirt werden«, da können Sie schon gut abschätzen, wie viel Stoff Sie ungefähr brauchen, statt standardmäßig immer zwei Meter zu kaufen.

Welche Werkzeuge brauche ich?

Das wichtigste Werkzeug ist eine gute Stoffschere: Kaufen Sie diese im Fachhandel, und rechnen Sie mit einem Preis zwischen 30 und 50 Euro. Niemand außer Ihnen darf diese Schere benutzen, Sie verleihen sie allerhöchstens an eine Näherin, die weiß, wie man eine Stoffschere behandelt. Schneiden Sie niemals Papier, Fleece oder Folie damit! Vermeiden Sie auch Kunstleder oder Stoffe mit Lurexfäden oder glitzernden Kunststoffaufdrucken. All das macht Ihre Schere stumpf. Letztlich brauchen Sie nicht die teuerste Schere, aber Sie brauchen eine gute Schere, und Sie müssen sie sehr gut behandeln. Sollte sie mit der Zeit stumpf werden, dann lassen Sie sie von einem Profi schleifen.

Ein Maßband brauchen Sie auf jeden Fall. Es ist hilfreich, dazu noch ein kleines Handmaß zu haben, das Sie beim Nähen griffbereit neben der Nähmaschine liegen lassen können. Aber das geht auch mit dem Maßband, und es sieht ziemlich cool aus, wenn Sie das Maßband beim Nähen um den Hals hängen. Zusätzlich nutze ich gerne noch ein Geodreieck mit Griff.

Es ist hilfreich, um Nahtzugaben auf dem Stoff anzuzeichnen. Um Markierungen auf dem Stoff aufzubringen, gibt es verschiedene Werkzeuge: Das bekannteste und billigste ist Schneiderkreide, und tatsächlich habe ich mit diesem unprätentiösen Werkzeug auch die besten Erfahrungen gemacht. Varianten wie Kreiderädchen und Kreidestifte können Sie auch noch später ausprobieren, für den Anfang reicht Ihnen ein helles und ein dunkles Stück Kreide. Alles, was Sie jetzt noch brauchen, sind Stecknadeln, und dann kann es schon losgehen!

Alles Weitere, was es in Stoffläden an Werkzeug zu kaufen gibt, sparen Sie sich für Ihren Wunschzettel auf. Sie werden sehen: Sobald Sie ein Hobby haben, werden Sie niemals mehr verlegen nachdenken, wenn Sie jemand nach Ihren Wünschen fragt. Es gibt noch jede Menge mehr oder weniger sinnvolle Hilfsmittel, die eine Hobbyschneiderin sich wünschen kann. Und wenn Ihnen gar nichts mehr einfällt, freuen Sie sich sicherlich auch über Gutscheine für Stoffgeschäfte.

Zeit und Raum findet sich immer!

Nähen braucht Platz, und Platz ist in der kleinsten Hütte! Erst benötigen Sie einen großen Tisch zum Zuschneiden, dann brauchen Sie einen Tisch für die Nähmaschine, und je länger man näht, desto mehr Platz braucht man zugegebenermaßen auch für das Stoff- und Zubehörlager. Im Idealfall organisieren Sie sich ein Nähzimmer oder wenigstens eine Ecke der Wohnung für sich, in der Sie Ihre Nähmaschine aufgebaut stehen lassen und Ihre Stoffvorräte und Werkzeuge ordentlich lagern können. So ein »Raum für mich« ist etwas Tolles, und ich glaube auch, dass es der Nähleidenschaft

förderlich ist, wenn nicht jedes Mal erst der Esstisch vom Familienkram befreit werden muss, bevor man loslegen kann.
Aber es geht auch ohne eigenes Nähzimmer – ich habe auch keins. Wenn Sie Ihre Nähzutaten ordentlich verstaut haben, geht es ganz schnell, einen Näharbeitsplatz aufzubauen. Viel wichtiger ist es, dass Sie sich Gelegenheiten verschaffen, bei denen Sie nähen können: z. B. ein bestimmter Wochentag, an dem Ihre Familie etwas anderes macht, oder eine Verabredung an einem Wochenende mit Nähfreundinnen zu einem Nähkränzchen. Nähprojekte sind wie alle anderen Projekte: Sie machen mehr Spaß, wenn man am Stück etwas schaffen kann und sich eine Arbeit nicht über Monate hinzieht. Im Alltag ist es oftmals schwer, sich abends noch mal zum Nähen aufzuraffen. Aber ich weiß, dass ein Abend, an dem etwas entsteht, auf das ich anschließend stolz bin, viel befriedigender ist als ein Abend vor dem Fernseher. Und auch kurze Zeitfenster lassen sich hervorragend nutzen: Um einen Schnitt abzupausen, den Stoff zuzuschneiden, eine Einlage, also ein Vlies zur Verstärkung, aufzubügeln, einen Saum zu nähen oder Knöpfe anzubringen, brauchen Sie die Nähmaschine nicht auszupacken. Auch wenn Sie nur eine halbe Stunde Zeit haben, können Sie sie nutzen, um Ihrem Ziel einen wichtigen Schritt näherzukommen.

Jetzt geht's los!

Nachdem Sie Ihren Körper vermessen und sich für eine Größe entschieden haben, kopieren Sie den Schnitt. (Lesen Sie bei Zweifeln vorher im Kapitel 6 über Schnittänderungen.) Das hat den Vorteil, dass Sie Änderungen an Ihrem Schnittmuster machen können, ohne dass Ihnen die Originalinformationen abhanden-

Dodo
http://dodosbeads.blogspot.de

Wie ich zum Nähen kam?

Durch das Älterwerden und das Internet. Kein Jux. Ich konnte mich irgendwann weder in der Uniformhose der Jugend, genannt Jeans, wiederfinden noch in dem, was Stilberater »gereiften« Frauen empfehlen. Gleichzeitig entdeckte ich durch Zufall Nähblogs mit Frauen in wunderbarer Kleidung. Was es da alles zu bewundern gab: tolle Kleider, nie gesehene Rockschnitte, Shirts, einfach alles! Genau das wollte ich auch!

Voller Elan begann ich dann. Okay, das allererste Projekt ging völlig daneben. Aber schon das zweite, ein ausgefallener Rock, gelang, und ich war sehr stolz, als ich gleich beim ersten Ausführen des Rockes das Kompliment bekam: »Toller Rock. Wo ist der her?«.

Es sind drei Dinge, die für mich die Faszination des Selbernähens ausmachen: Ich kann selbst bestimmen, wie meine Kleidung aussehen soll, welche Farben sie hat, welche Schnitte. Ich kann die Sachen für mich und meinen Körper passend machen. Und: Immer wieder der Stolz und das tolle Gefühl, etwas absolut Individuelles mit den eigenen Händen hergestellt zu haben.

MEIN TIPP:

In diesem Kapitel werden Begriffe erklärt, die für das Nähen wichtig sind. Lernen Sie diese Fachsprache, dann fällt es Ihnen leichter, bei einem Problem Ihre Frage richtig zu formulieren und nach der Lösung zu suchen. Die wichtigsten Begriffe finden Sie auch im Serviceteil im Nählexikon erklärt.

kommen. Wenn Sie einen Schnitt aus einer Zeitschrift nähen wollen, kommen Sie um das Kopieren ohnehin nicht herum, denn dort sind Schnittteile aus Platzgründen übereinandergedruckt. Ich kopiere am liebsten auf dünnem, etwas durchsichtigem, aber dennoch stabilem Schnittmusterpapier.

Wenn Sie den Schnitt kopieren, dann achten Sie genau darauf, dass Sie alle Passzeichen und Markierungen mitkopieren. Passzeichen sind, wie der Name schon sagt, Markierungen, die dafür sorgen, dass zwei Schnittteile korrekt aufeinandertreffen. Wenn Sie einen Kragen nähen wollen, dann achten Sie genau, wo das Passzeichen für den Kragenansatzpunkt ist, sonst fluchen Sie später. Hat ein Schnitt Falten vorgesehen, dann markieren Sie, wie lang und wie breit die Falten sind. Ich weiß, Passzeichen sind manchmal schwierig zu finden, aber sie machen das Nähen anschließend viel leichter! Vor dem Zuschnitt kontrollieren Sie bitte, ob in Ihrem Schnittmuster bereits Nahtzugabe, d. h. der Abstand zwischen Naht und Schnittkante, zugegeben ist oder nicht, und wenn ja, wie viele Zentimeter an welchen Stellen. Während amerikanische Schnittmuster meist bereits Nahtzugabe enthalten, ist bei deutschen Schnittmustern irgendwo ein Hinweis, dass die Nahtzugabe noch zugegeben werden muss. Bevor Sie zuschneiden, waschen Sie bitte Ihren Stoff, soweit dies laut Pflegehinweisen möglich ist. Viele Stoffe laufen in der Länge ein, da ist es günstiger, sie machen das vor dem Nähen. Sonst stellen Sie nach der ersten Wäsche Ihres fertigen Kleidungsstücks womöglich enttäuscht fest, dass es eingelaufen ist! Ein Nachteil des Vorwaschens ist, dass sich der Stoff etwas verziehen kann, wenn Sie ihn nicht ordentlich zum Trocknen aufhängen. Auch wenn das bei drei Meter Stoff nicht ganz einfach ist: Falten Sie den Stoff sauber Webkante auf Webkante auf die halbe Breite und hängen Sie ihn möglichst fadengerade auf. Bügeln Sie den Stoff vor dem Zuschnitt, damit die Schnittteile ordentlich aufliegen. Als Nächstes studieren Sie den Auflageplan im Schnittmuster, der Ihnen zeigt, wie Sie die einzelnen Schnittteile am besten auf den Stoff auflegen, denn Sie können diese nicht beliebig auf den Stoff auflegen und einfach ausschneiden. Zum einen reicht dann wahrscheinlich die für das Schnittmuster angegebene Stoffmenge nicht, zum anderen müssen Sie den Fadenlauf beim Zuschnitt berücksichtigen. Der Fadenlauf ist die Richtung des Längsfadens im Gewebe und verläuft parallel zur Webkante. Er ist auf allen Schnittteilen als langer Pfeil angegeben. Legen Sie die Schnittteile so auf, dass diese langen Fadenlauf-Pfeile wirklich parallel zur Webkante liegen! Beachten Sie den vorgegebenen Fadenlauf nicht, verzieht sich Ihr Stoff beim Nähen und Tragen, und Sie werden niemals ein schön fallendes Kleidungsstück und eine gute Passform erreichen. Manche Schnittteile werden im sogenannten »Bruch« zugeschnitten, dort, wo der Stoff gefaltet ist. Das ist immer dann möglich, wenn ein Teil symmetrisch ist und man keine Naht in der Mitte haben möchte. Ein Vorder- oder Rückenteil z. B. ist in der Regel rechts und links gleich, also können Sie es auch als halbes, in der Mitte geteiltes Schnittteil auflegen und im Bruch doppellagig zuschneiden. Viele Teile brauchen Sie zweimal und spiegelverkehrt, zum Beispiel die Ärmel. Aus diesem Grund schneidet man Ärmel meist doppellagig zu, um wirklich zwei identische, aber gespiegelte Ärmel zu erhalten. Beim doppellagigen Zuschnitt müssen Sie daran denken, die Passzeichen auch auf das untere Schnittteil zu übertragen. Das geht am einfachsten, indem Sie eine Stecknadel durchstecken und die Stelle mit Kreide markieren.

Nähen lernt man Stich für Stich

Eine Freundin fragte mich mal, wie man nähen lernt. Ich wusste erst nicht so recht, was sie meinte. Wollte sie wissen, wie man ein bestimmtes Kleidungsstück näht, ein Detail verwirklicht, oder ging es ihr darum, herauszufinden, wie eine Nähmaschine funktioniert? Die Antwort auf diese sehr unterschiedlichen Fragen ist aber immer dieselbe: Nähen lernt man, indem man es einfach tut. Wir verabredeten uns, um gemeinsam einen Rock zu nähen. Wir schnitten den Rock zu und dann sagte ich: »Hier ist die Nähmaschine, jetzt geht es los mit dem Nähen.« Meine Freundin saß verschüchtert vor der Maschine und traute sich kaum, sie einzuschalten. Ich war verwundert, verstand aber schnell, dass so eine Nähmaschine tatsächlich etwas Respekt einflößt, wenn man das erste Mal davorsitzt. Das hatte ich einfach vergessen, weil mein erstes Mal schon so lange her war.

Für die ersten Nähversuche ist es für manche Menschen angenehmer, einen Nähkurs zu besuchen, um eine erfahrenere Näherin an ihrer Seite zu wissen, die beim Aufspulen, beim Einfädeln und bei den ersten Nähten hilft. Aber ich versichere Ihnen: Wenn Sie eine Bedienungsanleitung für Ihre Nähmaschine haben, dann können Sie das auch alleine! Folgen Sie der Anleitung Schritt für Schritt, und Ihre Nähmaschine ist bereit, loszunähen.

Sollten Sie Hemmungen haben, sich gleich an dem guten Stoff zu versuchen, dann nähen Sie zunächst ein paar Nähte auf den Resten des Zuschnitts, um ein Gefühl für die Geschwindigkeit der Maschine zu bekommen.

Bevor Sie Ihre Schnittteile zusammennähen, sollten Sie auf jeden Fall eine Nähprobe machen, denn jeder Stoff verhält sich anders. Anhand der Nähprobe können Sie bei Bedarf die Stichlänge oder -breite nachjustieren oder etwas an den Einstellungen der Maschine ändern. Wie das geht, verrät Ihnen die Bedienungsanleitung. Wenn Sie sich ein bisschen mit Ihrer Maschine vertraut gemacht haben, dann fassen Sie sich ein Herz und beginnen Sie ein Projekt. Sie sind nicht alleine, Sie haben eine Anleitung! Lesen Sie die Anleitung erst einmal im Ganzen, um das Projekt zu erfassen. Verzweifeln Sie nicht, wenn Sie nicht gleich alles verstehen. Erst einmal geht es nur darum, einen Überblick über die Reihenfolge der Projektschritte zu bekommen. Dann erledigen Sie einen Schritt nach dem anderen. Lesen Sie, was als Erstes zu tun ist, und machen Sie es einfach. Sollten Sie die Formulierungen der Anleitung nicht verstehen, schlagen Sie die Begriffe nach, die Ihnen fremd sind. Und dann nähen Sie Stich für Stich, bis Ihr Kleidungsstück fertig ist und Sie eine Menge gelernt haben. Viel Erfolg und Freude dabei!

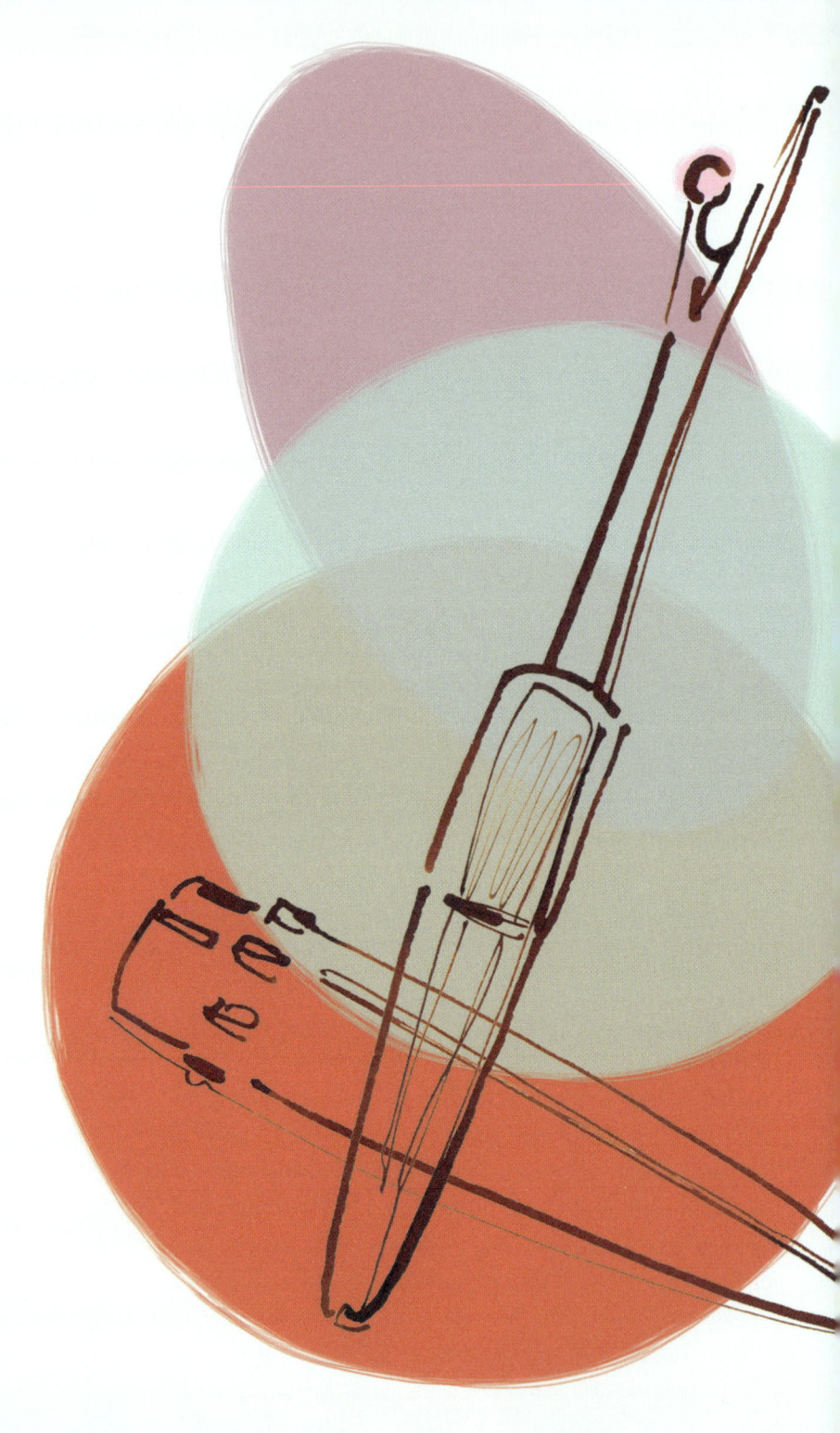

5

Dranbleiben, wenn's mal schwierig wird

Eins vorweg: Ja, es wird Ihnen nicht alles auf Anhieb perfekt gelingen. Lassen Sie sich davon nicht entmutigen. Das ist ganz normal! Die gute Nachricht ist: Sie finden jede Menge Hilfe in Blogs und Foren – und werden mit jedem Kleidungsstück, das Sie nähen, immer besser.

Für jedes Problem gibt es eine Lösung

Ich will Sie nicht einfach so in das Nähabenteuer schicken, ohne auch ein Wort zu den Schwierigkeiten und Herausforderungen zu verlieren, die im Laufe Ihrer Nähkarriere auf Sie zukommen können.

Im Anhang finden Sie eine Liste der Bücher, die ich gut finde, aber kaufen Sie sie bloß nicht gleich alle, sondern erst nach Bedarf. Nähbücher sind eher so etwas wie Bildbände. Sobald Sie mit dem Nähvirus infiziert sind, werden Sie es lieben, solche Bücher zu besitzen, geschenkt zu bekommen und durchzublättern, aber eine Lösung für Ihr konkretes Problem finden Sie vermutlich schneller im Internet. Ganz abgesehen davon, finden es manche Menschen auch sehr viel leichter, mit Videos zu lernen. Und gerade diese finden Sie im Internet wirklich zahlreich. Wenn Sie also eher ein visueller Mensch sind, suchen Sie sich einen passenden Film auf YouTube.

Alle Hobbynäherinnen kennen das Problem: Wir sitzen an einem Kleidungsstück und plötzlich funktioniert nichts mehr, große Verzweiflung macht sich breit.

Entweder wird der Nahttrenner zu unserem besten Freund, oder es passt gar nichts mehr zusammen, und wir würden das halbfertige Kleidungsstück am liebsten in die Ecke werfen. Solche Rückschläge sind ein ganz normaler Teil des Lernens und leider unvermeidbar. Besser ist es also, Sie stellen sich im Vorfeld schon mal darauf ein. Wenn ich plötzlich nur noch dabei bin, aufzutrennen, dann liegt das meistens daran, dass ich schlichtweg zu müde und unkonzentriert bin, um weiterzunähen. Meist passiert mir das kurz vor der ersten Anprobe. Ich will »nur noch mal eben schnell« diese eine Naht fertig machen, und plötzlich geht alles schief. Mit Eine-Nacht-darüber-Schlafen und etwas Abstand kann ich wieder frisch rangehen und finde den Fehler schnell.

Schlimmere Krisen bekomme ich allerdings, wenn ein Kleidungsstück bei der Anprobe ganz und gar nicht so aussieht, wie ich es mir vorgestellt habe. Trösten Sie sich, das passiert immer mal wieder. Manchmal sind wir eine Zeit so intensiv mit einem Projekt beschäftigt, dass wir es – im wahrsten Sinne des Wortes – nicht mehr sehen können. Das bedeutet auch, dass wir nur noch auf das achten, was nicht gut gelungen ist, und gar nicht mehr erkennen, welches Potenzial in dem noch unfertigen Kleidungsstück steckt. Es gibt einige Strategien, die in so einem Fall hilfreich sein können.

Ich könnte heulen, es sieht einfach furchtbar aus!

Wenn Sie bei der Anprobe das Gefühl haben, das scheußlichste Kleidungsstück aller Zeiten genäht zu haben, atmen Sie einmal tief durch, ziehen es aus, wenden es »auf links« und stecken mit Stecknadeln alle Stellen ab, die zu viel Länge und Weite haben. Diese Sofortmaßnahme kann oft schon viel helfen, und bei taillierten Kleidungsstücken werden Sie vermutlich um diesen Optimierungsschritt sowieso nicht herumkommen. Trösten Sie sich: Weite wegzunehmen ist sehr viel leichter, als Weite hinzuzufügen. Sollten Sie mehr Weite brauchen, dann hoffe ich, dass Sie genügend Nahtzugabe gelassen haben. Haben Sie zu wenig Nahtzugabe, um noch etwas herauszulassen, dann lohnt es sich, das Kleidungsstück noch einmal im Ganzen kritisch zu betrachten. Kann es sein, dass die Schulternaht ein bisschen tiefer sitzen könnte? Haben Sie vielleicht an anderer Stelle noch »etwas Luft«? Haben Sie noch Stoff übrig, um das eine relevante Schnittteil noch einmal zuzuschneiden? Zu eng ist wirklich ein Problem, aber »irgendwie unförmig« ist meist lösbar.

Wenn Sie das genähte Stück vor dem Spiegel anziehen und es immer noch nicht leiden können, dann könnte es vielleicht daran liegen, dass es einfach noch nicht fertig ist. Ich finde halb fertig genähte Kleider oft trutschig und vergesse, dass die Saumlänge (➜ Seite 119) oft der entscheidende Faktor ist. Es lohnt nicht, an diesem Zeitpunkt zu verzweifeln. In diesem Fall hilft es nur, dranzubleiben und weiterzunähen – Verzweiflung ist unnötig. Machen Sie das Werk fertig, tragen Sie es ein paar Mal, und wenn Sie es dann immer noch nicht leiden können, dann verbuchen Sie es unter Lernerfahrung und übergeben es der Altkleidersammlung.

Sind Sie nach der Fertigstellung immer noch unzufrieden, dann fotografieren Sie sich in dem neuen Kleidungsstück von allen Seiten. Der Eindruck vor dem Spiegel kann täuschen.

Erst eine Fotografie bringt die Wahrheit ans Licht, und mit etwas Abstand haben Sie einen ganz anderen Eindruck von sich und Ihrem Werk. Am besten zeigen Sie diese Fotos anderen Menschen, die bereit sind, Ihnen konstruktive Kritik zu geben. Andere haben einen ganz anderen Blick auf uns, auf unsere Proportionen und auf das, was uns steht. Nutzen Sie die Chance und lassen Sie sich beraten. Oft sind es nur Kleinigkeiten, die zu ändern sind, die aber den Gesamteindruck entscheidend verbessern. Nur manchmal

MEIN TIPP:

Manchmal liegt es gar nicht an dem Kleid oder Rock, den Sie gerade genäht haben, sondern daran, wie Sie das Kleidungsstück kombinieren: Ein Gürtel, andere Schuhe oder ein andersfarbiges Shirt dazu – und die Welt ist plötzlich in Ordnung. Auch ein passendes Accessoire kann Ihr Nähstück erheblich aufpeppen.

kommen wir selbst nicht auf die rettende Idee. Manche Sachen sind leider nicht ganz einfach und brauchen Übung, um sie zu meistern. Es wird Ihnen vermutlich nicht gelingen, den ersten Ärmel gleich faltenfrei einzunähen. Das liegt daran, dass der Ärmel etwas größer ist als das Armloch, um Bewegungsfreiheit zu erhalten. Vorne, hinten und an der Schulter gilt es beim Einnähen, das Mehr an Stoff des Ärmels auf das Armloch zu verteilen. Aber keine Sorge, mit etwas Geduld und Spucke und vor allen Dingen mit vielen Stecknadeln werden Sie es früher oder später schaffen, einen Ärmel perfekt einzunähen.

Was den meisten Anleitungen zum Ärmeleinnähen meines Erachtens fehlt, ist die beruhigende Stimme einer Nählehrerin, die Ihnen zu verstehen gibt, dass es leider alles eine Frage der Übung ist. Anleitungen signalisieren »Tu das und dann klappt es schon«, aber leider stimmt das nicht immer. Theoretisch stimmt es natürlich schon, aber es klappt leider oft nicht beim ersten Mal. Ich habe nicht gezählt, ab wann ich das Gefühl hatte »Ach, Ärmel einsetzen, das ist kein Ding, das kann ich«, aber ich vermute, dass ich mindestens 10 bis 15 Ärmelpaare einsetzte, bis die Angst vor Ärmeln einem Zutrauen wich. Seien Sie also nicht so streng mit sich, wenn etwas nicht auf Anhieb klappt, und entwickeln Sie gleichzeitig den Ehrgeiz, es möglichst schön zu machen. Nähen ist manchmal die Pest – wie jede andere Tätigkeit auch. Aber wenn man so eine Schwierigkeit überwunden hat, dann setzen großartige Glücksgefühle ein, die für den vorangegangenen Ärger entschädigen.

Erst mal nur zur Probe

Eine Strategie, Weltuntergangsstimmung beim Nähen zu vermeiden, ist das Nähen von Probeteilen. Nähe ich ein neues Schnittmuster zuerst aus günstigem Stoff, dann ist es nicht so tragisch, wenn etwas nicht klappt. Klingt vernünftig. Und trotzdem sind Probeteile nicht bei allen Hobbynäherinnen beliebt.

Obwohl wir natürlich alle immer von dem tollen Flow, der beim Nähen entsteht, und der Entspannung, die wir bekommen, wenn die Maschine rattert, reden, sind doch die meisten Hobbynäherinnen ziemlich scharf auf das Ergebnis.

Egal, ob wir für uns nähen und an dem Ziel arbeiten, 365 Kleider im Schrank zu haben, oder ob wir uns daran erfreuen, dass unsere Kinder schön gekleidet sind: Das Ergebnis und der damit verbundene Stolz spielen eine Rolle. Das Ziel ist das Ziel, wenn auch der Weg durchaus Spaß macht. Wer zielorientiert näht, für den sind Probeteile Zeitverschwendung. Ich mag lieber Probemodelle, die ich auch anziehen kann. Stoffe sind unterschiedlich teuer. Manche Stoffe sind sogenannte »Streichelstoffe« und werden so geliebt, dass sie manchmal jahrelang nur im Schrank liegen und angeschmachtet werden. Ich finde es eine gute Strategie, ein Probemodell aus einem weniger geliebten, kostengünstigen Stoff zu nähen – mit dem Ziel, es durchaus später anzuziehen. Das hat den Vorteil, dass ich die Tücken des Schnittes schon mal kennenlernen kann und weiß, an welchen Stellen ich aufpassen muss.

Es gibt allerdings einen Nachteil: Der »Fluch des Probeteils« ist unter Hobbynäherinnen wohlbekannt. Leider passiert es oft, dass das Probemodell hübscher wird als das aus dem für einen bestimmten Anlass gekauften, wunderbaren Streichelstoff. Es ist vertrackt, aber so ist es leider manchmal. Wir nähen ein Schnittmuster einmal zur Probe und dann aus dem »richtigen« Stoff, und aus irgendeinem Grund tragen wir das Probemodell ständig und das andere ist gerade mal okay.

MEIN TIPP:

Wenn Sie ein Probemodell für ein Kleid nähen, dann muss es tatsächlich nicht immer ein ganzes Kleid sein. Meist reicht es, wenn Sie ein Oberteil und einen Ärmel nähen, um die Passform zu beurteilen, und das kann in der Tat ganz schnell vonstattengehen, wenn Sie z. B. nichts versäubern.

Jetzt liegt es an uns, uns darüber zu ärgern oder eben nicht. Ich habe es mittlerweile aufgegeben, Probemodelle und richtige Modelle zu unterscheiden. Sie können sich Probeteile also als Option offen halten. Den einen liegt die theoretische Vorbereitung mehr, die anderen können Dinge buchstäblich besser begreifen, wenn sie sie konkret vor Augen haben.

Wer zeigt mir, wie es geht: Foren, Blogs, und soziale Netzwerke

Als ich zu nähen anfing, war ich ganz verwundert darüber, dass es im Internet erlaubt ist, jede, wirklich jede Frage zu stellen – und sei sie auch noch so dumm. Das Internet ist ein fantastischer Quell der Inspiration oder Hilfe, und nicht zuletzt werden dort eine Menge Freundschaften geschlossen.

Entdecken Sie Foren! Dort gibt es, gut sortiert, Diskussionen zu bestimmten Themenstellungen. In der Regel kann in diesen Foren jeder lesen, aber schreiben nur, wer sich als NutzerIn anmeldet, z.B. in http://hobbyschneiderin24.net, http://hobbyschneiderin.de oder http://naehfabrik.forumprofi.de.

Wenn ich beim Nähen sitze und ein konkretes Problem habe, frage ich das Internet lieber direkt. Ich gebe in eine Suchmaschine meine Fragestellung möglichst genau formuliert ein, zum Beispiel »Reißverschluss in einen Rock einnähen«, und schaue, wer eine Lösung für mich hat. An erster Stelle werden mir Videos auf YouTube angeboten. In diesen Videos kann ich jemandem dabei zusehen, wie sie oder er genau das von mir gesuchte Problem löst. Ich bekomme die Lösung erklärt, kann zusehen und sogar anhalten und zurückspulen, wenn ich etwas noch genauer ansehen will.

Christoph
http://chri-stoff-charming.blogspot.de

Fasziniert konnte ich als Kind meine Mutter beim Nähen beobachten.

Sie hatte damals noch eine alte fußbetriebene Nähmaschine – so wie ich heute. Schon als Kind habe ich meine Kuscheltiere eingekleidet, indem ich sie in Stoffreste oder Tücher wickelte. In der 5.–10. Klasse dann kaufte ich mit Freundinnen Stoff, wir drapierten sie um uns herum und fotografierten uns gegenseitig. Um die Ergebnisse wiederholbar zu machen, fing ich mit dem Nähen an …

Als ich schließlich in Weimar begann, Architektur zu studieren, war die Nähmaschine immer dabei. Und seit ich Nähblogs und Nähforen entdeckte, ging und geht meine persönliche Entwicklung beim Nähen noch besser voran. Es gibt so viel zu entdecken, und ich kann so viel lernen … Meine geliebte Singermaschine bekam ich von der Großmutter meiner Frau geschenkt. Ein bisschen Umsorgung – und sie lief wieder wie geschmiert.

Kleidung selberzunähen, erlaubt es, selbst mehr zu dem zu werden, was oder wie man sein will. Und macht sensibler dafür, wo unsere Umgebung uns unnötig einschränkt. Wir können damit ein bisschen die Welt verändern.

Als weitere Lösungen schlägt die Suchmaschine Anleitungen (Tutorials) in Schriftform vor, meist mit Bildern, die auf privaten Blogs oder kommerziellen Seiten im Internet veröffentlicht wurden. In der Hobbynäherinnenwelt gibt es sehr viele private Blogs, in denen Näherinnen stolz ihre Werke zeigen, sich mit ihren Leserinnen konstruktiv austauschen, aber auch Nähanleitungen veröffentlichen. Sie fragen sich vielleicht, was Menschen motiviert, ihr Wissen gratis weiterzugeben? Das ist ganz einfach: Alle diese nähenden Bloggerinnen oder bloggenden Näherinnen lesen selbst andere Nähblogs und haben von der Inspiration und dem Wissen, das dort geboten wurde, profitiert. Mit ihrem eigenen Blog bekommen sie nicht nur Anerkennung für ihr Tun, sondern sie wollen der Welt auch etwas Gutes als Dank zurückgeben.

Sollte aber tatsächlich der Fall eintreten, dass Sie ein Problem haben, das anscheinend vor Ihnen noch niemand hatte, dann ist es am einfachsten, wenn Sie Ihr Problem in einem Forum schildern. In der Regel dauert es nicht lange, bis Sie Hilfe erhalten. Vielleicht bekommen Sie nach ein paar Minuten schon Antwort oder aber in den nächsten Tagen. Alleingelassen werden Sie mit Ihrem Problem ganz sicher nicht.

Am schnellsten bekommen Sie Antwort, wenn Sie Freundinnen haben, die auch nähen und Ihnen bei Problemen zur Seite stehen. Diese Freundinnen müssen nicht unbedingt in Ihrer Nähe wohnen oder sogar am Tisch neben Ihnen sitzen, um Ihnen hilfreich zu sein. Es reicht, wenn das Internet Sie verbindet. Blogs, Sew Alongs, Linksammlungen, Foren, Facebook und auch Twitter – das Internet bietet eine Fülle von Möglichkeiten, um Nähbegeisterte kennenzulernen, und der schnelle Austausch über Nähfragen passiert dann auf Twitter oder Facebook.

Bloggen Sie!

Die einfachste Möglichkeit, Freundschaften mit Gleichgesinnten im Internet zu schließen, ist selbst einen Blog zu eröffnen und zu schreiben. Technisch ist das ganz einfach und auch für Computerlaien sehr leicht zu verwirklichen. Nicht zuletzt: Es kostet nichts! Man geht zu einem großen Anbieter von Blogsoftware, überlegt sich einen Blognamen, registriert ihn, sucht sich eine Layoutvorlage aus und kann sofort loslegen. In Nähkreisen sind besonders blogger.com und Wordpress.de beliebt, wobei Blogger sich eher an Computerlaien wendet und Wordpress dafür denjenigen mit etwas Vorkenntnissen mehr Gestaltungsmöglichkeiten bietet.

Schreiben Sie in Ihrem Blog einfach munter drauflos, was Sie interessiert, erzählen Sie von dem, was Ihnen wichtig ist und was Sie von Ihrem Leben preisgeben wollen.

Machen Sie Ihren Blog bunt und anschaulich, indem Sie auch Fotos einbinden. Sie müssen dafür keine tolle Fotografin sein, gerade Smartphone-Fotos lassen sich sehr leicht in Blogbeiträge einbinden. Überlegen Sie sich aber im Vorfeld genau, wo die Grenzen dessen sind, was Sie über sich preisgeben wollen, denn das Internet vergisst nicht. Berücksichtigen Sie, dass Sie nicht die Persönlichkeitsrechte von Kolleginnen, Freundinnen oder von Familienmitgliedern verletzten, und erzählen Sie den Einbrechern nicht unbedingt, wann Sie in Urlaub fahren.

Eine Möglichkeit, Ihren Blog bekannter zu machen und mit anderen Blogs zu vernetzen, sind Linksammlungen wie »Meine Lieblingsblogs«, genannt »Blogrole«, die mit den vorgegebenen Layouts leicht einzurichten sind. Dort können Sie die Adressen Ihrer

Lieblingsblogs eingeben und damit ihren Blogbesucherinnen die Möglichkeit geben, weiter in der Nähbloggerinnenszene im Internet herumzustöbern.

Das Internet ist ein Geben und Nehmen! Wenn Sie nicht nur alleine in Ihrer einsamen Ecke des Internets sitzen wollen, sondern andere Blogs in Ihre Blogrole aufnehmen, in Blogs freundlich kommentieren, an Linksammlungen wie dem »Me Made Mittwoch« und Internetaktionen wie Sew Alongs teilnehmen, wird Ihr Blog recht schnell bekannt, und es wird sich eine kleine und stetig wachsende Stammleserinnenschaft bilden, die bei Ihnen liest und kommentiert.

Sew Alongs – gemeinsame Projekte im Internet

Die beste Möglichkeit, um beim Nähen Fortschritte zu machen und sich an ein schwieriges Projekt zu wagen, ist die Teilnahme an einem Sew Along. Sew Alongs sind gemeinsame Nähveranstaltungen von Menschen, die an ganz unterschiedlichen Orten wohnen, aber über das Internet, genauer gesagt über Blogs, verbunden sind. Diese Veranstaltungen werden von Nähbloggerinnen organisiert, angekündigt und durchgeführt. Nach einem vorgegebenen Zeitplan zu einem bestimmten Thema nähen dann zahlreiche Nähbloggerinnen ihr Projekt, zeigen den anderen Teilnehmerinnen des Sew Alongs die Nähfortschritte und tauschen sich darüber aus.

So findet zum Beispiel jedes Jahr, rechtzeitig vor Weihnachten, der Weihnachtskleid-Sew-Along auf dem »Me Made Mittwoch«-Blog statt, der schon Hunderte Frauen dazu motivierte, ihr allererstes Kleid zu nähen. Ab Mitte November treffen sich sonntags Näherinnen aus dem gesamten deutschsprachigen Raum virtuell, um einen

Projektschritt gemeinsam zu bearbeiten. Es beginnt mit der Schnittmustersuche und der Stoffauswahl und geht über Projektfortschritte bis hin zur virtuellen Modenschau der fertigen Kleider am 23. Dezember. Jede, die einen Blog hat, kann daran teilnehmen. Auf dem eigenen Blog werden die Projektfortschritte dokumentiert und dieser Beitrag dann in einer Linkliste auf dem »Me Made Mittwoch«-Blog geteilt.

Das Schöne an einem Sew Along ist das gemeinsame Tun, das Begleiten, Unterstützen und Motivieren während der gesamten Projektphase.

Gemeinsam können auch schwierige Herausforderungen genommen werden, und der sanfte Gruppendruck tut ein Übriges dafür, am Projekt dranzubleiben und es auch zu vollenden. Im Laufe der Wochen entsteht eine enorme Wissenssammlung zum Thema, die natürlich auch nach dem Sew Along noch zur Verfügung steht. Es fällt sehr viel leichter, gemeinsam ein großes Projekt zu bearbeiten und Schritt für Schritt dazu an die Hand genommen zu werden. Obwohl die Teilnehmerinnen vieles auf eigene Faust recherchieren oder ausprobieren, ist der Zeitplan des Sew Alongs immer wertvolles Gerüst und Motivation, dies auch zu tun. Mittlerweile gibt es sehr viele Sew Alongs, die auch von kleineren Blogs organisiert werden, und mir fällt kein Thema ein, das es noch nicht gab. Sie haben also die Wahl, bereits beendete Sew Alongs nachzulesen, oder aber Sie passen auf, wann ein neuer Sew Along in den Blogs angekündigt wird, und nehmen einfach teil, denn mitmachen darf jede und jeder.

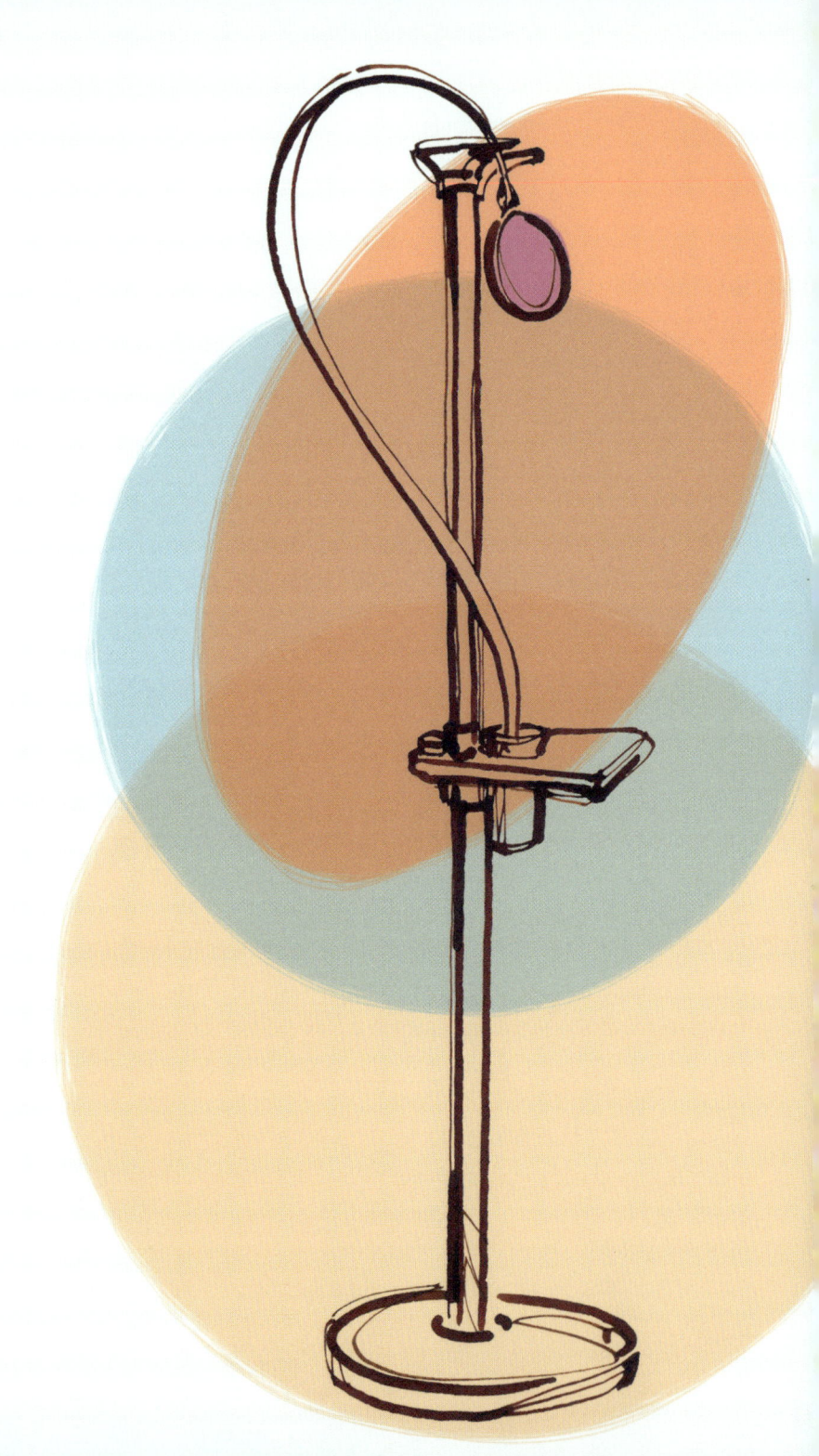

6

Die Kunst der guten Passform

Auch Schnittmuster sind nicht perfekt. Und manchmal sitzt die selbst genähte Kleidung nicht so, wie sie sollte ... Dafür gibt es eine Lösung! Ändern Sie den Schnitt! Mit ein paar Tricks können Sie die Passform der Schnitte optimieren und sich Ihre Kleidung auf den Leib schneidern.

Was genau ist eine gute Passform?

Der größte Frust einer Hobbyschneiderin ist es, wenn Kleidungsstücke, die mit viel Liebe genäht wurden, nicht anständig passen. Ich spreche jetzt nicht von »Hier ein bisschen Weite weg« oder »Wie wäre es, einen Gürtel anzuziehen, damit es besser aussieht«. Ich spreche von der Enttäuschung, die auftritt, wenn eine gute Passform einfach nicht gelingen will. Plötzlich ist das alte Gefühl wieder da, das beim Kleiderkauf schon so störte: »Ich bin falsch, mein Köper ist nicht für diese verdammten Schnittmuster gemacht.« Spätestens zu diesem Zeitpunkt ist es wichtig, dass Sie sich noch einmal klarmachen: Ebenso wenig, wie Massenkonfektion individuelle Bedürfnisse berücksichtigt, sind auch Schnittmuster, wie Sie sie kaufen können, kein verlässlicher Garant für gut sitzende Kleidung. Um wirklich passformgenau zu nähen, müssen fast immer Anpassungen vorgenommen werden.

Aber was genau ist eine »gute Passform«? Ganz simpel gesagt, haben Sie eine gute Passform erreicht, wenn nichts kneift, klafft oder schlottert. Das ist allerdings nur der erste Schritt, die Minimalanforderung, denn da geht noch mehr. Eine notwendige Bedingung für eine gute Passform ist tatsächlich, dass ein geknöpftes Oberteil nicht am Busen klafft, dass ein Kleid oder ein Rock beim Tragen nicht hochrutscht oder dass ein tailliertes Kleidungsstück tatsächlich dort eng ist, wo es eng sein soll. Wenn Sie damit beginnen, sich mit guter Passform zu beschäftigen, dann hilft es, im Alltag die Augen aufzumachen und die Menschen und ihre Kleidung genau unter die Lupe zu nehmen, denn das schult Ihr Auge. Sie werden erstaunt sein, wie viele Menschen in schlecht sitzender Kleidung unterwegs sind. Überall werden Kompromisse gemacht: Manchmal merken es die Menschen noch nicht mal. Andere hingegen sind die ganze Zeit am »Zuppeln«, weil sie sich in ihrer Kleidung nicht wohlfühlen.

Ein zweiter wichtiger Punkt ist, dass die Bekleidung alle die Bewegungen möglich macht, die ein Mensch in seinem normalen Alltag machen will. Mein Lieblingsbeispiel ist das Armrecken, um sich an einer Stange im Bus festzuhalten, falls dieser stark bremst. Es ist schade, dass dies nicht in jedem Kleidungsstück möglich ist, ohne dass es knirscht und knarzt oder das Kleidungsstück so weit hochrutscht, dass empfindliche Regionen des Körpers freiliegen, die die Umwelt eigentlich nicht zu interessieren haben. Ein Kleid, eine Bluse oder ein Mantel kann noch so gut aussehen – wenn die Bewegungsfreiheit eingeschränkt ist und Arme nicht gehoben werden können, ist das Tragen dieses Kleidungsstücks nur das halbe Vergnügen.

Ein guter Ärmel mit einem guten Armloch, das es ermöglicht, die Arme einfach so zu heben, ist für mich ein wichtiges Merkmal für eine gute Passform.

Wenn Seitennähte genau an der Seite und vor allen Dingen lotrecht verlaufen, ist das ein weiteres Zeichen für eine gute Passform. Schlecht sitzende Kleidungsstücke rutschen dahin, wo Platz gebraucht wird, und dann verschieben sich die Nähte. Das kann einfach nicht gut aussehen, denn wenn sich Stoff »geholt« wird, fehlt er an der anderen Seite, und die Wirkung ist dahin.
An diese Merkmale schlechter Passform ist unser Auge gewöhnt, denn wir sehen sie im Alltag an vielen Kleidungsstücken. Auch die Hobbynäherin, die erst mit dem Bekleidungsnähen anfängt, wird bei den ersten Kleidungsstücken noch kein besonderes Augenmerk darauf haben. Die Ansprüche steigen mit der Zeit, und irgendwann

reicht es nicht mehr, in schönen Farben und Mustern zu schwelgen, dann ist der Zeitpunkt gekommen, etwas tiefer in die Materie einzusteigen.

Die hohe Kunst einer guten Passform ist eine gute Balance. Das bedeutet, dass alles, was waagerecht sein soll (wie die Saumlinie), auch waagerecht ist und alles, was senkrecht sein soll (wie die Seitennähte), auch tatsächlich senkrecht verläuft. Kein Körper ist perfekt, und kein Körper ist hundertprozentig symmetrisch. Deswegen nützt es nichts, wenn Linien im Schnitt waagerecht oder senkrecht verlaufen. Das Kleidungsstück muss am Körper gut fallen und sitzen, obwohl er hier ein bisschen mehr hat und dort ein bisschen weniger. Das zu erreichen ist nicht einfach, aber wenn Sie besser darin werden, die Balance zu finden, dann haben Sie die Meisterklasse erreicht und schneidern wirklich gut sitzende Kleidung. Es gibt noch viel mehr Kriterien für eine gute Passform und ausreichend Literatur dazu, das nähtechnisch umzusetzen. Aber die Theorie zu studieren reicht nicht. Bevor Sie herausfinden können, wie Sie etwas optimieren können, müssen Sie einen Blick dafür entwickeln, was nicht gut aussieht. Am besten kontrollieren Sie den Sitz und die Passform mit Fotos von allen Seiten. Der Blick in den Spiegel reicht nicht. Sie müssen möglichst normal stehen und Bewegungen versuchen, ohne sich zu verrenken. Erst dann können Sie die Passform beurteilen.

Fotos sind gar nicht schlimm!

Nur, wie bekommen Sie gute Fotos? Zuallererst müssen Sie sich trauen. Es kostet etwas Mut, sich fotografieren zu lassen, viele Menschen mögen es nicht. Die älteren unter uns sind noch mit

Analogfotos und der Warnung »Guck anständig, ich habe nur noch drei Bilder auf dem Film« aufgewachsen. Damals wurden Filme noch zum Entwickeln gegeben, und günstig war der Spaß auch nicht. Jedes schlechte Foto war eine Katastrophe! Heute ist das glücklicherweise anders. Mit der Digitalfotografie steht es uns frei, unzählige Fotos zu machen. Glauben Sie ja nicht, dass bei Profifotografen nur einmal auf den Knopf gedrückt wird, und das perfekte Foto ist im Kasten. Auch Models werden Hunderte von Malen fotografiert, bis ein paar gute Fotos dabei sind. Wenn Sie also Fotos von sich machen, dann gehen Sie davon aus, dass Sie 30 oder sogar 300 Fotos machen, und suchen Sie sich dann diejenigen aus, die Ihnen die wertvollsten Informationen geben und die Sie trotzdem so okay finden, dass Sie sie anderen zeigen können.

Genau das ist das Problem. Wir fremdeln mit den eigenen Fotos, weil wir es nicht gewöhnt sind. Genauso, wie uns die eigene Stimme auf dem Anrufbeantworter fremd vorkommt, erkennen wir das Bild von uns, dem wir sonst nur im Spiegel begegnen, auf Fotos kaum wieder.

Fotos sind Momentaufnahmen und in Sekundenbruchteilen schauen wir häufig etwas bescheuert. Das fällt im richtigen Leben niemandem auf, weil es sich eben nur um Sekundenbruchteile handelt. Die gute Nachricht ist: Man gewöhnt sich an Fotos. Ich fotografiere mich am liebsten selbst mit Stativ und Fernauslöser. Zu Beginn meines Nähbloggens bat ich meinen Mann, Fotos von mir zu machen, doch das verlief nicht immer harmonisch. Während es mir auf den Gesamteindruck meines Outfits oder bestimmte Details ankam und ich gleichzeitig auch mit meiner Frisur zufrieden sein und einen ansprechenden Gesichtsausdruck sehen wollte, achtete er mehr auf die Lichtverhältnisse und künstlerische Qualität der Fotos. Mittlerweile fotografiere ich mich nur noch selbst, baue das Stativ auf, mache gute Musik an und mache Quatsch, während ich den Selbstauslöser drücke. Das Herumalbern hilft mir, lockerer zu werden, und erzeugt echte Bewegungen, die für die Beurteilung der Passform hilfreich sind. Anschließend wähle ich die besten Fotos aus und bearbeite sie ein wenig, das heißt, ich optimiere Licht und Kontrast, damit die Details besser zu sehen sind, und wähle den Bildausschnitt. Das ist alles – der Rest ist echt. Es gibt allerdings tolle Blogs, die wesentlich schickere Fotos haben als ich auf meinem Blog. Diese Bloggerinnen haben einen Partner oder eine Freundin, mit denen es Spaß macht, Fotosessions zu machen, und ein Teil des Hobbys ist es, tolle Bildergeschichten zu erstellen, die von den genähten Werken erzählen.

MEIN TIPP:

Wenn Sie in Fotoausrüstung investieren möchten, dann kaufen Sie sich ein Stativ und einen Fernauslöser, und Sie werden merken, so furchtbar ist es gar nicht, Fotos von sich selbst zu machen. Ein paar gute sind immer dabei. Und dann können Sie in Ruhe analysieren, an welchen Stellen Ihr Kleidungsstück gelungen ist und wo Sie noch etwas ändern wollen.

Das ist wunderschön anzusehen, aber für die Beurteilung Ihrer Werke in Hinsicht auf die Passform brauchen Sie keine Foto-Love-Story. Sie brauchen keine teure Spiegelreflexkamera, mittlerweile machen auch einfache Digitalkameras und Smartphones gute Fotos.

Von der Kunst, das richtige Material zu wählen

Manchmal haben Sie gar keinen Fehler beim Nähen gemacht, wenn ein Nähergebnis Sie enttäuscht, und manchmal liegt es gar nicht an Ihrer Figur. Vielleicht haben Sie sich einfach für den falschen Stoff entschieden. Deswegen ist es sehr nützlich, etwas über verschiedene Materialien und deren Eigenschaften zu lernen. Es gibt eine Vielzahl an Stoffen, mit denen Sie Bekleidung nähen können. Da ist es nicht leicht, als Anfängerin einen Überblick zu bekommen. Erst einmal hilft es, Stoff in zwei Gruppen zu unterteilen: in Webware und in elastische Materialien.

Webware sind, wie der Name schon sagt, gewebte Stoffe mit einem gerade Kett- und einem im rechten Winkel dazu verlaufenden Schussfaden, die (wenn sie nicht gerade Elastan enthalten) nicht elastisch sind, wenn Sie sie in die Breite oder Länge ziehen. Webware näht sich genau deswegen so angenehm einfach. Sie hat allerdings den Nachteil, dass es schwieriger ist, mit ihr eine gute Passform zu erreichen, weil sie eben nicht nachgibt. Eine klassische Webware für Nähnovizinnen sind Baumwollstoffe. Baumwollstoffe sind herrlich, um Sommerbekleidung daraus zu nähen. Es gibt sie in vielen Farben und Mustern, sie verhalten sich »brav« unter der Nähmaschine, sind oft nicht allzu teuer und verschaffen schnelle Erfolgserlebnisse.

WÄHLEN
FREUND

SIE
LICHE
STOFFE

Viele Näherinnen sind regelrechte Jerseyfans, weil Jersey gut passende Kleidungsstücke leicht möglich macht. Jerseys sind gestrickte Stoffe, die mindestens in eine Richtung elastisch sind. Das hat den großen Vorteil, dass Sie daraus bequeme Kleidungsstücke nähen können, die nirgends einengen und bei denen Sie nicht so genau auf die Passform achten müssen, weil der Jersey im Zweifelsfall ein bisschen nachgibt und Platz schafft, wo Platz gebraucht wird. Allerdings können elastische Stoffe durchaus zickig sein und Nähanfängerinnen allein schon dadurch verschrecken, dass sich die Schnittkanten einrollen. Nach meiner Erfahrung muss man keine Angst vor Jersey haben, wenn Sie folgende Punkte berücksichtigen: 1. Üben Sie erst mit Baumwolljersey, bevor Sie sich an Viscosejersey heranwagen, denn Baumwolljersey ist in der Regel fester und »freundlicher«. 2. Nutzen Sie gute Werkzeuge: Mit dem Rollschneider schneidet sich Jersey schneller und einfacher zu als mit einer Schere. 3. Nähen Sie mit einer Jerseynadel (mit einer runden Spitze), damit es keine Laufmaschen gibt. 4. Wenn Sie die Chance haben, irgendwo eine Overlockmaschine auszuprobieren, dann nutzen Sie diese.

Es gibt noch sehr viel mehr Materialien, um Kleidung für erwachsene Frauen zu nähen, denn mit einer Garderobe aus bunten Sommerröcken aus Webware und Jerseyshirts kommen Sie nicht durchs Jahr. Dennoch halte ich sie für gute Materialien für Einsteigerinnen. Jeans z. B. näht sich auch ganz gut, wenn Sie eine Jeansnadel benutzen und an den Stellen, wo viele Lagen aufeinandertreffen, langsam und vorsichtig nähen. Cord ist auch okay, er fusselt nur sehr beim Zuschnitt. Auch Wollstoffe sind »freundlich«. Achten Sie darauf, dass diese nicht zu locker gewebt sind, dann sind sie auch leicht zu nähen. Wenn Sie Wollwalk bekommen können, dann müssen Sie dafür zwar tiefer ins Portemonnaie greifen, haben aber

MEIN TIPP:

Wollstoffe brauchen Futterstoffe als Ergänzung, damit das Kleidungsstück nicht an der Strumpfhose klebt, und flauschiges Futter ist nicht ganz einfach zu nähen. Die einfachste Lösung für einen Rock: Kaufen Sie sich einen Unterrock, dann können Sie auch ungefütterte Wollröcke tragen.

einen leicht zu verarbeitenden Stoff, den Sie noch nicht einmal versäubern müssen. Ein toller Stoff für gute Erfolgserlebnisse! Auch Regenmantelstoff näht sich prima, Sie dürfen nur keine Stecknadeln benutzen, sonst bekommen Sie überall kleine Löcher. Nutzen Sie stattdessen Klammern. Trotz dieses Umstandes: Ein selbst genähter Regenmantel ist der Hit, das kann ich nur empfehlen.

Auch wenn es Sie noch so reizt: Alles was flutschig, sehr fließend und sehr durchsichtig ist, würde ich mir für die Zeit aufheben, wenn Sie etwas mehr Näherfahrung haben, denn das sind keine besonders »freundlichen« Stoffe. Damit meine ich Chiffon, Seide, glatte gewebte Viskose, aber auch Satin und Samt. Doch auch hier würde ich behaupten, dass es keine Regel ohne Ausnahme gibt: Sollten Sie das Gefühl haben, nicht mehr ohne ein Kleidungsstück aus einem dieser Materialien leben zu können, dann versuchen Sie es. Sie werden im Internet zahlreiche Tipps und Tricks finden, wie Sie den Stoff »bändigen« können, und vielleicht habe ich Ihnen ganz umsonst Angst gemacht.

Abnäher sind Freunde!

Wenn Sie Kleidungsstücke mit guter Passform nähen wollen, dann brauchen Sie Abnäher. Sie müssen wissen, wie man sie näht, und noch wichtiger, wozu sie gut sind und wo sie hingehören. Bevor ich mich mit Nähen und guter Passform beschäftigte, fand ich Brustabnäher merkwürdig, denn sie erinnerten mich an Kleidung für Omis. In meiner Kaufkleidung kamen kaum Abnäher vor, das lag aber vor allen daran, dass ich gerne Jerseyoberteile trug oder Klamotten, bei deren Auswahl ich mehr auf Farbe und Muster geachtet hatte als auf eine gute Passform.

Als ich selbst zu nähen begann, wurde mir schnell klar, dass ich, wenn ich nicht nur wallende Zelte nähen wollte, irgendwie und möglichst gekonnt den zweidimensionalen Stoff um meinen dreidimensionalen Körper drapieren musste.

Abnäher sind dafür die Lösung. Um Platz für die Brust auszuformen, gibt es Abnäher, die seitlich, über oder unter der Brust Stoff reduzieren. Das Gleiche gilt für Po und Hüfte: Während ein Rock, eine Hose oder ein Kleid in der Taille schmal sein sollen, um die weiblichen Rundungen zu betonen, braucht der Körper weiter unten Platz und damit ausreichend Stoff. Um diese Übergänge zu gestalten, werden Abnäher eingesetzt, die den Stoff auf Figur modellieren. Das ist alles andere als omimäßig, das ist der Trick gut sitzender Kleidung!

Wer bevorzugt weit sitzende Kleidung trägt, braucht sich mit dem Thema Abnäher und Passform nicht zu beschäftigen, aber für alle anderen Näherinnen ist das Thema hochinteressant – insbesondere für diejenigen unter Ihnen, die ein wenig mehr auf den Rippen haben, denn wo mehr Rundungen sind, ist auch mehr zu modellieren. Frauen, die eben keine sehr knabenhafte Figur haben, sollten bei dem Wunsch nach Bekleidung mit guter Passform darauf achten, dass Schnittmuster für Kleidungsstücke, die nicht aus elastischen Stoffen genäht werden, mit Abnähern oder Teilungsnähten versehen sind.

Teilungsnähte sind nichts anderes als verbundene Taillen- und Schulter-Abnäher. Sie sind mitnichten nur Designelemente, sondern haben den Vorteil, dass mit gerundeten Seitenteilen, die an ein Mittelteil genäht werden, die Figur sehr schön modelliert werden kann. Durch Veränderung dieser Rundung lässt sich ein Schnittmuster oder ein genähtes Kleidungsstück leicht auf die betreffende Figur anpassen. Das Gleiche gilt für Abnäher: Sind bereits Abnäher im Schnitt vorgesehen, weiß die Näherin schon, wo und wie sie bei Bedarf Weite zugeben oder wegnehmen kann.

Der perfekte Saum

Zum Geheimnis gut sitzender Kleidung gehört der Rockabrunder. Auf Schnittmustern ist eine Saumlinie eingezeichnet, und als ich begann, nach Schnittmustern zu nähen, nutzte ich genau diese, um meinen Rock in der vorgegebenen Länge zuzuschneiden und zu säumen. Anschließend wunderte ich mich, dass ich unzufrieden mit meinen Röcken war. Ich zuppelte und zuppelte, und trotzdem waren sie irgendwie nicht richtig. Es dauerte etwas, bis ich verstand, worin das Problem lag. Meine selbst genähten Kleidungsstücke sahen deshalb genauso komisch aus wie die gekauften, weil der Saum nicht parallel zum Boden verlief: Die Röcke waren hinten zu kurz.

Arbeiten Sie Ihren Saum nicht gemäß Schnitt, sondern schneiden Sie Rock, Kleid oder Mantel etwas länger zu, um anschließend die für Sie vorteilhaft verlaufende Saumlinie mit dem Rockabrunder zu markieren. Der Rockabrunder ist ein unspektakuläres mechanisches Gerät, das sie vielleicht schon mal in einer Änderungsschneiderei gesehen haben: An einem höhenverstellbaren Stab befindet sich ein kleines Gefäß mit Kreide, welche durch das Drücken auf einen Gummiball herausgepustet werden kann. Sinn und Zweck dieses kleinen Geräts mit großer Wirkung ist es, einen geraden Saum zu markieren, der parallel zum Boden verläuft.

Aber wozu das Ganze? Wenn Sie einen prachtvollen Hintern haben, dann braucht dieser ordentlich Platz. Selbst wenn Sie vorne auch noch einen stattlichen Bauch oder Rettungsringe um die Hüften haben. Das Hinterteil beansprucht meist besonders viel Raum. In dem Moment, in dem der Po etwas ausladender ist, zieht er den Stoff in die Höhe, und das sieht extrem unvorteilhaft aus. Erst wenn Ihr Saum vorne und hinten gleich lang ist, wirkt Ihr Outfit stimmig. Die Faustregel ist also: Je mehr Rundungen Sie haben, desto mehr Augenmerk sollten Sie dem Saum widmen und gegebenenfalls eine Person um Hilfe bitten, die Ihnen den Saum absteckt.

Ich bin oft erstaunt, wie wenige Hobbyschneiderinnen einen Rockabrunder benutzen, gehört er doch zur Standardausrüstung von professionellen Schneiderinnen. Ich vermute, es liegt daran, dass in den Anleitungen der Schnitte meist nichts davon steht und diejenigen, die eine eher knabenhafte Figur haben, brauchen dieses Werkzeug schließlich auch nicht. Und jetzt raten Sie mal, für welche Kleidergröße Schnitte konstruiert werden? Na, sehen Sie. Der ungerade Saum wird schlichtweg vergessen, weil das Problem bei einer Größe 36 oder 38 nicht auftritt.

MEIN TIPP:

Wenn es sich um ein besonders schönes Teil handelt, lohnt es sich, den Saum mit der Hand zu nähen, damit die Naht unsichtbar wird. Denn genau diese liebevolle Bearbeitung unterscheidet schnöde Kaufkleidung von wertvoller Handarbeit. Ein perfekter, unsichtbarer Saum gehört unbedingt dazu!

Die perfekte Saumlänge für alle Kleidungsstücke und alle Lebenslagen gibt es leider nicht. Schade, dachte ich, als ich das herausfand, denn ich hoffte, mit einer festen Markierung an meinem Rockabrunder wäre dieses Problem ein für alle Mal gelöst. Leider variiert die perfekte Rocklänge je nach Kleidungsstück und hängt davon ab, welcher Look erzeugt werden will. Manche Frauen mögen im Winter längere Röcke als im Sommer, andere genau umgekehrt, und Frauen wie ich wollen sich noch nicht einmal darauf festlegen. Die Wirkung eines geraden Saumes in der richtigen Länge ist famos. Sobald ein Kleidungsstück zu lang oder zu kurz ist, sobald ein Saum zuppelt, ist die Wirkung des ganzen Teils dahin. Wenn ein Kleid kurz vor der Vollendung steht, möchte man eigentlich nur eben mal schnell den Saum nähen, um es endlich anzuziehen. Trotzdem: Wann immer es geht, bemühe ich mich um das sorgfältige Arbeiten dieses letzten Schrittes bis zur Fertigstellung des Kleidungsstücks.

Nur Mut: Ändern Sie Schnitte!

Schnittmuster werden ganz ähnlich konstruiert und gradiert (das heißt in verschiedenen Größen erstellt) wie Kaufkleidung. Die Maßtabellen zur Erstellung der Schnittmuster basieren auf den gleichen Mittelwerten und Annahmen wie bei industriell hergestellter Kleidung. Wenn Ihnen zum Beispiel bei Blusen immer die Ärmel zu kurz sind, können Sie auch bei Blusenschnitten davon ausgehen, dass das der Fall sein wird, weil Ihre schönen langen Arme eben nicht dem Durchschnitt bzw. der Annahme entsprechen, wie lang Arme zu sein haben. Die gute Nachricht ist: Wenn Sie selbst nähen, haben Sie die Chance, den Schnitt so zu ändern, dass das Ergebnis passt! Für Hobbyschneiderinnen ist es eine Herausforderung, etwas über Anpassungen zu lernen. Es braucht eine Zeit, bis man erkennt, was an einem auf Anhieb nicht geratenen Kleidungsstück noch nicht stimmt. Einen schönen Stoff zu zerschneiden ist immer ein Risiko, und es ist sehr enttäuschend, wenn das Ergebnis dann nicht so ausfällt, wie gewünscht.

Deswegen sollten Sie sich klarmachen, dass es fast immer Veränderungen am genähten Werk oder besser noch vor dem Nähen am Schnittmuster bedarf, damit das fertige Kleidungsstück perfekt an Ihrem Körper sitzt.

Was tun? Sie können zum Beispiel das Teil etwas größer nähen und es mit Stecknadeln abstecken, bis Sie Stück für Stück zum gewünschten Ergebnis kommen. Eine bessere Möglichkeit – die ich bevorzuge, weil sie wiederholbare Ergebnisse bringt – ist es, den Schnitt im Vorfeld genau mit Ihren Körpermaßen zu vergleichen und überall dort zu ändern, wo es nötig ist.

GANZ OHNE ÄNDERUNG KOMMT KAUM EINE HOBBYSCHNEIDERIN AUS, DIE MIT FERTIGSCHNITTEN NÄHT. DOCH MIT DER ZEIT LERNT MAN, DIE EIGENE FIGUR EINZUSCHÄTZEN.

Ganz ohne Änderungen kommt eigentlich kaum eine Hobbyschneiderin aus, die mit Fertigschnitten näht. Doch mit der Zeit lernt man, die eigene Figur einzuschätzen, und weiß, welche Änderungen es braucht, um einen Schnitt für die eigene Figur passend zu machen. Viele dieser Änderungen sind auch gar nicht kompliziert: Einen Rock oder eine Hose zu verlängern, ist keine Kunst. Oft sind im Schnittmuster spezielle Linien vorgesehen, an denen Sie den Schnitt auseinanderschneiden und zum Verlängern auseinanderziehen und zum Kürzen zusammenschieben können.

Ich kenne viele Näherinnen, die an schlecht passenden Ärmeln, in denen sie nicht die Arme heben können, schier verzweifeln. Das ist leider ein Problem, denn ein gutes Armloch und der dazugehörige Ärmel sind hohe Schnittkunst. Wenn Sie den Ärmel ordentlich ausgeschnitten haben, nicht rechts und links vertauscht haben, die Passzeichen aufeinandertreffen, Sie ihn oben an der Armkugel schön eingehalten haben und der Ärmel immer noch nicht passt, dann liegt es höchstwahrscheinlich daran, dass Sie ein nicht so tolles Schnittmuster erwischt haben. Das können Sie sehr leicht herausfinden, wenn Sie im Internet nach Erfahrungsberichten zu diesem Schnittmuster suchen. Denn was Ihnen passiert ist, ist möglicherweise anderen Nähbloggerinnen vor Ihnen auch schon aufgefallen. Die Lösung für dieses Problem: Sollten Sie bereits ein Kleidungsstück oder einen Schnitt haben, der besonders gut passt, dann nehmen Sie dieses Armloch und diesen Ärmel als Ihren Standardärmel und ändern Sie alle Schnitte, die Sie benutzen, daraufhin ab. Dieser Hinweis gilt insbesondere für Webware, denn sobald Sie nicht dehnbares Material nutzen, zeigt sich schnell, ob Sie einen guten oder schlechten Ärmel erwischt haben. Manche selbstgenähten Kleidungsstücke sehen nicht gut aus, weil sie viel zu weite Schultern haben. Das kommt so: Die meisten Schnittmuster bestimmen die Größe für das Oberteil anhand des Brustumfanges und sind für Körbchengröße B oder C konstruiert. Doch Frauen sind verschieden: Da gibt es möglicherweise eine Schwimmerin mit breitem Rücken und wenig Brust, die den gleichen Brustumfang hat wie eine schmale Frau mit viel Busen. Ahnen Sie schon, worauf das hinausläuft? Der Brustumfang wird rundum gemessen, aber es wird nicht definiert, wo der Platz gebraucht wird.

Haben Sie mehr zu bieten, als ein B- oder C-Körbchen füllt, dann werden Sie beim Vergleich Ihres Brustumfanges mit der Maßtabelle auf eine größere Größe kommen, als tatsächlich sinnvoll wäre. Es muss nur das Vorderteil weiter und länger gemacht werden, für den Rücken und die Schultern reicht eine kleinere Größe! Wenn Sie also die kleinere Größe wählen und das Vorderteil vergrößern, haben Sie endlich Platz für die Brüste und trotzdem passende Schultern und einen formschönen Rücken.

Viele Hobbyschneiderinnen haben das Problem, dass Kleidungsstücke an der Brust zu eng sitzen und über der Brust beulen. Wenn Sie das kennen, dann sitzt der Brustpunkt im Schnittmuster nicht an der Stelle, an der Sie ihn brauchen. Je größer Ihre Brüste sind, desto mehr sind sie der Schwerkraft ausgesetzt – vor allen Dingen im fortgeschrittenen Alter. Schnitte werden für Normfiguren konstruiert. Der Schnitt wird zum Beispiel in Größe 36 konstruiert, dann werden die größeren Größen schrittweise verbreitert und verlängert. So etwas wie Schwerkraft wird in der Regel nicht berücksichtigt. Der Brustpunkt ist bei allen Frauen auf unterschiedlicher Höhe, je mehr Brust vorhanden ist, desto tiefer sitzt er üblicherweise. Gut passende Unterwäsche kann dieses Problem zum Teil eliminieren. Trotzdem rate ich Ihnen, von der Schulter zu messen, wo die stärkste Stelle der Brust ist, und dieses Maß mit dem Schnittmuster zu vergleichen, um zu kontrollieren, ob genau dort genügend Platz für die Brust vorgesehen ist, wo Sie ihn brauchen. Im Schnittmuster finden Sie den Brustpunkt auch, wenn Sie die Abnäherspitze des Brustabnähers um ein oder zwei Zentimeter verlängern, denn der Abnäher zeigt auf den Brustpunkt, endet aber nicht direkt auf diesem.

Es dauert einige Kleidungsstücke und Monate des Nähens, bis solche Erkenntnisse reifen. Mir half dabei, zu sehen, dass sich andere Nähbloggerinnen mit ähnlichen Passformproblemen herumschlagen und dass ich mit meinen Fragen und Zweifeln nicht alleine bin.

Aber glücklicherweise gibt es eine Lösung! Wenn ich schon dabei bin, meine Kleidung zu nähen, dann muss ich nicht stur nach einem Schnittmuster nähen, das nicht für mich gemacht ist. Ich kann lernen, welche Änderungen für mich und meinen Körper sinnvoll sind, und Schnittmuster anpassen.

Ich habe es in der Hand! Ich nähe mir das, was mir und zu mir passt! Je mehr ich über meinen Körper lernte, desto besser verstand ich, was ich tun muss, um eine gute Passform zu erreichen. Wenn die entscheidenden Groschen gefallen sind, dann ist es eigentlich gar nicht mehr so schwer.

Die Kunst des Messens

Wenn Sie eine gute Passform erreichen wollen, sollten Sie sich davon verabschieden, einfach draufloszunähen. Besser ist es, einen gekauften Fertigschnitt zu einem ganz persönlichen Maßschnitt zu machen. Doch dazu brauchen Sie etwas ganz Entscheidendes: Ihre Körpermaße! Die grundlegenden Maße, die man braucht, um die am ehesten passende Größe eines Schnittmusters auszuwählen, sind: Brustumfang, Taillenweite und Hüftweite. Messen Sie nicht irgendwo! Wo Sie das Maßband anlegen sollten, um richtig zu messen, zeigt Ihnen die Zeichnung auf Seite 142. Bedenken Sie auch, dass die Zahlen variieren können, wenn Sie andere Unterwäsche tragen. Ziehen Sie zum Messen also am besten die Unterwäsche an, die Sie vermutlich auch unter dem geplanten Kleidungsstück tragen werden.

Scheuen Sie sich nicht, sich von jemand anderem vermessen zu lassen, Sie selbst bekommen das einfach nicht genau genug hin. Ich weiß, es fällt uns oft nicht leicht, uns zu offenbaren und die Zahlen zu hören, die beim Vermessen des Körpers herauskommen. Aber trösten Sie sich: Andere Menschen sehen ohnehin, wie Sie aussehen. Kaschieren funktioniert schlechter als gemeinhin angenommen. Der Lohn für Ihre Überwindung sind präzise Messwerte, mit denen Sie Kleidungsstücke nähen, die Sie einfach toll aussehen lassen. Außerdem sind es nur Zahlen! Die Bewertung, die Sie mit diesen Zahlen verbinden, machen Sie selbst. Befreien Sie sich von Zahlenvorbildern wie 90–60–90. Vermutlich kennen Sie keine einzige Frau, für die diese Zahlen gelten. Ihre gemessenen Zahlenwerte sagen nichts über Ihren Charakter und Ihre Attraktivität aus. Sie dienen allein dazu, eine Grundlage für passgenaue Kleidung zu sein, die Ihnen einen wunderbaren Auftritt verschafft.

BEFREIEN SICH VON 90–

SIE
60-90

Vor dem Zuschnitt erst einmal denken!

Bevor ich mit einem neuen Schnitt starte, vergleiche ich die Maßtabelle, die dem Schnitt beiliegt, mit meinen Körpermaßen. Anhand dieser wähle ich eine Größe aus und kopiere den Schnitt auf Schnittmusterpapier. Aber ich schneide ihn noch nicht aus, denn ich brauche noch Papier drumherum, um meine Änderungen anzuzeichnen.

Ich weiß schon, was zu tun ist, denn das »Problem« ist immer gleich: Armloch prüfen, Platz für den Busen schaffen, Unterteil verlängern. Meist nehme ich einen schon mal von mir bearbeiteten ähnlichen Schnitt, vergleiche die Schnittteile und kontrolliere so, ob überall genügend Weite und Länge vorhanden ist. Oder ich nehme das bewährte Schnittmuster und bastele nur die Details (zum Beispiel ein besonderer Kragen) an, die mich bei dem neuen Schnitt so bezauberten. So erarbeite ich mir Schritt für Schritt ein »Schnittmuster nach Maß«.

Bevor ich das von mir veränderte Schnittmuster ausschneide, messe ich noch einmal alle relevanten Stellen nach: den Brustumfang, die Rückenbreite, die Taillen- und Hüftweite. Ich kontrolliere, ob der Brustpunkt an der richtigen Stelle sitzt, und prüfe die Vorderlänge und die Rückenlänge. Als Nächstes kontrolliere ich, ob ich auch wirklich alle Passzeichen übernommen habe. Wenn ich dann zufrieden bin, habe ich mein Schnittmuster, kann es ausschneiden und mit dem Zuschnitt beginnen.

Der Traum vom Maßschnitt

Eigentlich ist es total absurd: Erst beschwere ich mich über Kaufkleidung und Konfektionsgrößen, und dann erzähle ich Ihnen etwas über Schnittmuster und Änderungen, die notwendig sind, weil eben auch Schnittmuster auf Durchschnittsmaßen basieren. Das ist eigentlich ein Widerspruch in sich. Aber es ist der typische Weg, den die Hobbyschneiderin geht, um ein Kleidungsstück zu nähen: Sie kauft sich ein Schnittmuster und Stoff und legt los. Was dabei herauskommt, ist manchmal ähnlich enttäuschend wie gekaufte Kleidung, wenn nicht im Vorfeld der Schnitt auf die eigenen Bedürfnisse hin verändert wurde.

Früher oder später kommt jede Hobbyschneiderin auf die Idee, dass ein Maßschnitt die Lösung sein könnte, und beginnt, nach Lehrbuch einen Grundschnitt für sich zu erstellen. Vielleicht passt auch solch ein Grundschnitt nicht gleich beim ersten Versuch perfekt, aber auf jeden Fall passt er vermutlich viel besser als jedes zuvor genähte oder gekaufte Kleidungsstück. Das Finetuning bedarf dann womöglich noch weiterer Änderungsstufen. Dabei hilft ein geübter Blick für Passformmängel, den Sie mit der Zeit entwickeln, oder der kluge Rat einer Fachfrau.

Viele Hobbyschneiderinnen ändern an jedem Kleidungsstück lieber stundenlang herum und scheuen es, sich mit der Theorie der Schnittkonstruktion zu beschäftigen. Das finde ich schade, denn das Ändern ist mühsam, und viel schöner wäre es doch, wiederholbare Ergebnisse zu erzielen. Das geht allerdings nur, wenn man den Schnitt und nicht das Kleidungsstück ändert! Ich kann Sie nur dazu ermuntern, immer wieder alle Änderungen, die Sie an einem Kleidungsstück abgesteckt haben, auf Ihren Schnittteilen zu verzeichnen. Mit etwas Erfahrung wird Ihnen das immer leichterfallen.

Sie brauchen keine Designerin und professionelle Schnittentwicklerin zu werden. Freuen Sie sich über Ihren Grundschnitt und nehmen Sie ihn als Grundlage für neue Nähprojekte. Sie dürfen auch weiterhin noch Schnitte kaufen, denn diese liefern Ihnen die Designdetails, die Kleidung erst interessant macht: verschiedene Ärmelformen, Kragen, Falten, Passen und vieles mehr. Sie brauchen nicht unbedingt zu lernen, wie man solche Details selbst konstruiert, aber Sie können, bevor Sie loslegen, die grundlegenden Schnittteile mit ihrem Grundschnitt vergleichen und die zusätzlichen Details einfach »anbauen«.

Daher beginnt Ihre Nähkarriere gleich mit einem einfachen Maßschnitt, dem Rock im Praxisteil (→ Seite 136). Schnittkonstruktion ist weniger anspruchsvoll, als gemeinhin angenommen wird. Ich zeige Ihnen, wie Sie einen tollen Rock für Ihren Körper konstruieren, und hoffe, dass Sie nebenbei lernen, dass es gar nicht nötig ist, vor Schnittkonstruktion Respekt zu haben. Das Nähen von Bekleidung ist eben nicht nur das Schließen von Nähten: Genau das können Sie lernen – auch schon beim ersten, noch ganz einfachen Projekt.

© C. Mester

Sybille
www.dasbuerofuerschoenedinge.blogspot.de

Warum ich nähe, habe ich mich nie gefragt.

Es gehört seit Kindertagen zu mir und ist ein Stück meines Alltags geworden. Einem zweidimensionalen Ding eine dritte Dimension zu geben, Fadengeflechte zum Leben zu erwecken und sich für 365 Tage im Jahr eine zweite Haut zu fertigen. Das ist es, was mich am Nähen begeistert!

Als fast noch schöner empfinde ich es, Nähanfängern dieses Handwerk näher zu bringen. Ob nach drei Workshop-Stunden der erste Loop, das erste Babykissen oder der erste, fast unglaublich, wirklich tragbare Rock entstanden ist: Die Faszination mit den eigenen Händen, mit Nadel, Faden und Maschine etwas »Richtiges« anzufertigen, ist wirklich umwerfend. Es gibt kaum einen Unterschied, ob ein 11-jähriges Kind oder eine Akademikerin die ersten Nähte setzt – vor der Nähmaschine sind wir ziemlich gleich. Wenn Ihr schon glaubt, Stricken sei das neue Yoga, dann setzt Euch vor eine Auswahl schöner Stoffe und kombiniert sie, fügt Knöpfe und Bänder hinzu … Ihr werdet einige Stunden später wieder aus der Tiefenentspannung erwachen.

Na, kommen Sie schon, legen Sie los!

Kleidung zu nähen ist gar nicht schwer. Sie können es lernen! Alles, was Sie brauchen, ist ein bisschen Mut und der Wunsch, Kleidung zu besitzen, die einfach gut sitzt und zu Ihnen passt.

Es lohnt sich einfach nicht, daran zu verzweifeln, dass Sie in Bekleidungsgeschäften nichts finden, was Sie wirklich glücklich macht. Es lohnt sich nicht, die aktuelle Mode zu verdammen, weil sie Farben anbietet, die Ihnen nicht gefallen, und es lohnt sich nicht, sich damit abzufinden, dass Kleidung nicht gut passt, viel Geld kostet und trotzdem schlecht verarbeitet ist. Sie können es besser! Wenn es jemand gibt, der tolle Kleidung für Sie nähen kann, dann sind Sie das selbst! Keiner kennt Sie besser. Also nehmen Sie Ihr Schicksal in die Hand, und nähen Sie sich genau die Kleidung, die gut für Sie ist.

Mit der Zeit werden Sie mehr und mehr Kleidungsstücke schaffen, die gut zu Ihnen passen und auf die Sie stolz sind. Kleidungsstücke, mit denen Sie gut aussehen und sich gut fühlen und für die Sie eine ganze Menge Komplimente bekommen werden.

Lähmen Sie sich nicht mit allzu hohen Ansprüchen und Perfektionismus. Sie haben ein Unikat produziert, das garantiert niemand hat, und das ist doch großartig! Es ist nicht nur irgendein Unikat, nein, Sie haben es geschaffen, Sie haben es sich ausgedacht, Sie haben die Materialien kombiniert, und Sie haben es für Ihren ganz speziellen Körper genäht. Das ist etwas Besonderes. Zu Recht! Weil Sie es wert sind!

Auf Stoffjagd zu gehen und von neuen Nähprojekten zu träumen, ist einfach großartig. Nähen macht glücklich. Sich dem Flow des Nähens hinzugeben ist die beste Entspannung nach einem anstrengenden Tag. Komplimente zu bekommen und sich selbst wundervoll zu finden, wenn Sie Ihr Spiegelbild in einer Schaufensterscheibe entdecken, sind wunderbare Energiespritzen. Und den Stolz darauf, das alles mit eigenen Händen geschaffen zu haben, kann Ihnen keiner mehr nehmen!
Nähen macht mich glücklich, und ich hoffe, ich konnte Sie dazu ermuntern, es auch zu versuchen. Also, worauf warten Sie noch?
Legen Sie das Buch aus der Hand, organisieren Sie sich einen Bogen großes Papier, ein Metermaß und einen Stift, und legen Sie los: Machen Sie sich einen Schnitt für den hier beschriebenen Rock (→ Seite 140). Überlegen Sie sich, aus welchem Stoff und in welcher Farbe Sie ihn nähen möchten. Träumen Sie von Farben und Mustern. Stellen Sie sich vor, womit Sie den Rock gerne kombinieren wollen. Und dann gehen Sie los und kaufen sich einen Stoff, der Ihnen zuflüstert, dass er Sie glücklich machen wird! Auf den folgenden Seiten zeige ich Ihnen genau, wie Sie daraus Ihren ersten eigenen Rock richtig nähen.

Ich wünsche Ihnen gutes Gelingen und viel Spaß dabei!

Praxisteil

Einen Bodygraph zeichnen
Um ein Verständnis dafür zu entwickeln, wie Ihr Körper wirklich aussieht, welchen Figurtyp Sie haben und wie die Proportionen beschaffen sind, lohnt es sich, einen Bodygraphen zu erstellen (vgl. »Fit for Real People«, Literatur S. 159).
Ein Bodygraph ist eine Umrisszeichnung in Originalgröße, d. h. er ist genau so groß wie Sie selbst. Um einen Bodygraphen zu erstellen, brauchen Sie eine zweite Person, die Ihnen hilft, und eine Rolle Packpapier. Wenn Sie mit einer Freundin gleich zwei Bodygraphen zeichnen, können Sie diese am Ende miteinander vergleichen und gemeinsam das, was Sie sehen, auswerten.

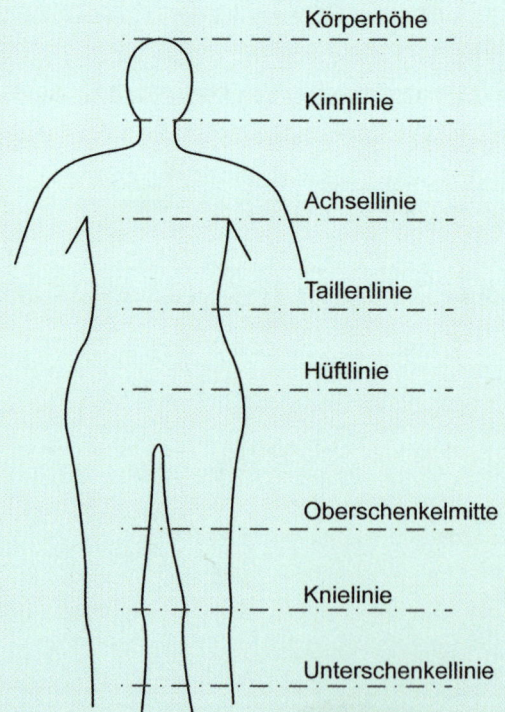

1. Falten Sie ein körperhohes, großes Stück Packpapier einmal der Länge nach, um eine vertikale Mittellinie zu bekommen, kleben Sie es dann wieder aufgefaltet an eine Tür.
2. Tragen Sie enge Kleidung (Shirt und Leggings oder nur Unterwäsche), binden Sie ein Band um die Taille, und legen Sie eine eng sitzende Kette um den Hals.
3. Nun stellen Sie sich genau mittig dicht vor das Papier. Gesicht nach vorn, nicht anlehnen!
4. Lassen Sie zuerst den obersten Punkt am Kopf (Scheitelpunkt) sowie die Höhe des Schrittes anzeichnen.
5. Die folgenden Punkte werden jeweils links und rechts am Körper angezeichnet:

   > Halsansatz: Das ist dort, wo die Kette aufliegt.
   > Kinn: Drehen Sie den Kopf zur Seite, und dann wird ein Punkt unter dem Kinn markiert.
   > Schulterpunkt: Das ist dort, wo der Ärmel beginnt.
   > Der Achselpunkt ist direkt unter der Achsel.
   > Die Taille ist dort, wo das Band sitzt.
   > Die Hüfte wird am Hüftgelenk angezeichnet.
   > Auch die breiteste Stelle des Unterkörpers wird angezeichnet. Das muss nicht automatisch die Hüfte sein.
   > Die Knie werden dort angezeichnet, wo sie gebeugt werden.

6. Zum Schluss fahren Sie einmal mit einem Stift um Ihren ganzen Körper herum. Dabei sollten Sie die markierten Punkte treffen.
7. Nun können Sie das Papier abnehmen und einmal die Bodenlinie und den Scheitelpunkt aufeinander falten. So zusammen-

geklappt falten Sie das Blatt noch zweimal. Diese Falzlinien zeigen die theoretisch optimalen Proportionen: Im Idealfall sind alle Körperbereiche gleich hoch.

8. Verbinden Sie jetzt alle angezeichneten Punkte zu Waagerechten.
9. Verbinden Sie die beiden Schulterpunkte mit einer Linie und ebenso die breitesten Körperstellen. Verbinden Sie diese vier Punkte so, dass sich ein Viereck ergibt.

Und so interpretieren Sie Ihren Bodygraphen:
Schauen Sie sich die Differenzen zwischen den gefalteten Ideallinien und den gezeichneten Körperlinien an: Daran erkennen Sie, wo Ihre Kleidung zusätzliche Länge braucht oder gekürzt werden muss. Das Viereck zwischen Ihren Schulterpunkten und breitesten Körperstellen verrät Ihnen etwas über ihren Figurtyp.

Basteln Sie sich eine eigene Figurine

Ein Bodygraph ist toll! Sie lernen sich kennen und können mit seiner Hilfe sehen, wo Sie bei gekauften Schnitten aufpassen und was Sie ändern müssen. Allerdings ist so ein Bodygraph auf Dauer etwas unpraktisch, denn er ist genauso groß wie Sie. Insbesondere für Designentscheidungen oder die Frage, ob Ihnen ein Kleidungsstück stehen könnte oder nicht, bietet es sich an, Figurinen zu haben. Auch Figurinen sind Umrisszeichnungen Ihres eigenen Körpers, aber sie haben einen anderen Maßstab. Es reicht, wenn Sie Zeichnungen Ihres Körpers haben, die ungefähr so groß sind wie ein halbes DIN A4-Blatt.

Eine Figurine können Sie ganz einfach selbst anfertigen:
1. Stellen Sie sich in Unterwäsche möglichst gerade frontal vor eine helle Wand und lassen sich fotografieren.
2. Anschließend legen Sie durchscheinendes Papier (zum Beispiel Butterbrotpapier) auf das Foto und pausen die Konturen ab.
3. Vervielfältigen Sie diese Umrisszeichnung, um genügend Ihrer Figurinen vorrätig zu haben, falls Sie eine Designentscheidung für Ihre selbstgenähte Garderobe treffen wollen.
4. Indem Sie, wie bei einer Anziehpuppe, ein mögliches Kleidungsstück auf die Figurine malen, können Sie – auch ohne das Kleidungsstück genäht oder etwas Vergleichbares anprobiert zu haben – entscheiden, ob ein Kleidungsstück mehr oder weniger vorteilhaft für Sie wäre. Probieren Sie es bei dem Rock gleich aus: Wie lang oder wie ausgestellt soll Ihr Rock werden? Malen Sie den Rock in verschiedenen Varianten auf Ihre Figurinen, und entscheiden Sie dann, was Ihnen am besten steht und gefällt.

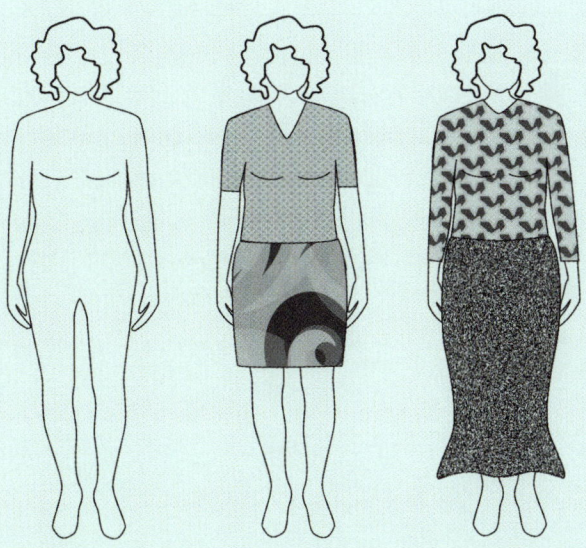

Huch, wo ist der Schnitt?
Sie brauchen gar nicht zu suchen, dieses Buch enthält kein Schnittmuster – und das, obwohl ich Ihnen versprochen habe, gemeinsam mit Ihnen einen Rock zu nähen. Wie das? Ganz einfach, Sie machen sich Ihr Schnittmuster selbst. Das ist doch logisch! Kein fertiges Schnittmuster, das Sie kaufen können, kann so gut sein wie ein Maßschnitt, der aufgrund Ihrer Körpermaße für Sie konstruiert wurde. Ich habe Ihnen ein Erfolgserlebnis versprochen – nur ein Maßschnitt kann für einen Erfolg sorgen.
Auch wenn Sie noch niemals einen Schnitt konstruiert oder einen Rock genäht haben, Sie bekommen das hin! Ein Rock ist ein gutes Projekt für Einsteigerinnen, das habe ich Ihnen ja schon erzählt, und er hat den Vorteil, dass Sie für das Schnittmuster nur ein einziges Schnittteil konstruieren müssen und dafür wenige Maße brauchen.
Wir konstruieren den Rock so, dass er etwas größer ausfällt.
Das machen wir, damit Sie ihn anschließend genau dort enger machen, wo es Ihre Figur braucht, damit der Rock Ihren Formen schmeichelt und Sie sich trotzdem gut in ihm bewegen können.

In wenigen Schritten zum maßgeschneidertem Rock
Auch wenn Sie noch nie etwas für sich genäht haben, diesen einfachen maßgeschneiderten Rock, in schicker A-Linien-Form werden Sie schaffen! Alles, was Sie dafür tun müssen, ist: Sie messen vier Körper-Maße, malen ein Schnittteil auf Papier, schneiden den Rock zu und nähen ihn zusammen. Wie das geht, erkläre ich Ihnen Schritt für Schritt.
Auch ein so simpler Rock kann wunderbar schick sein. Suchen Sie sich einen Stoff in einer Farbe, die Ihnen ein warmes Kribbeln verursacht, oder ein Muster, das Sie bezaubert.

Am besten starten Sie Ihren ersten Nähversuch mit einem freundlichen Baumwollstoff. Das Schrägband für Bund und Saum können Sie farblich passend oder aber in einer tollen Kontrastfarbe wählen. In vier Schritten nähen Sie einen Rock, den sonst niemand hat und der super passt.

Sie brauchen:
ca. 150 cm Stoff, Webware, z.B. bedruckte Baumwolle, vorgewaschen und gebügelt
farblich passendes Nähgarn (am besten Polyester – Allesnäher)
1 Reißverschluss, 22 cm
Kantenband zum Aufbügeln und Stabilisieren
ca. 3,5 m Schrägband
1 x Haken und Öse
etwas Tesafilm, ca. 1,5 cm breit
Wondertape oder Stylefix (doppelseitiges Klebeband aus dem Nähbedarf)
Packpapier für den Schnitt
Papierschere und Stoffschere
Außerdem: Maßband, Stift, Nähmaschine, Nadeln für die Maschine mittlere Stärke (Universal 70-90), Stecknadeln, Bügeleisen, Tuch zum Bügeln, einen Nahttrenner, eine Nadel, um Haken und Öse mit der Hand anzunähen.

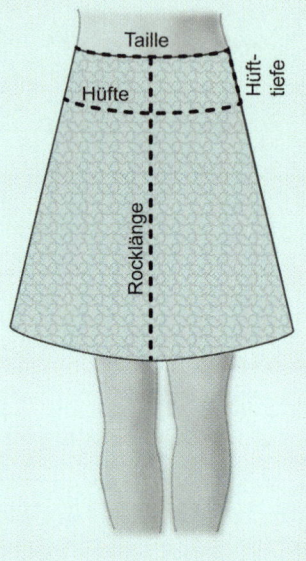

1. Messen

Mit Ihren ganz eigenen Maßen wird der Rock passgenau: Messen Sie Ihre Taille und dann die Hüfte, genauer gesagt die breiteste Stelle, über die der Rock drüber muss. Dann messen Sie die Länge von Ihrer Taille bis zu dieser breitesten Stelle (die Hüfttiefe) und entscheiden, welche Länge Ihr zukünftiger Rock ungefähr haben soll. Die Taille finden Sie dort, wo ein Gürtel an die engste Stelle rutscht. Sollten Sie Röcke lieber »hüftig« tragen, binden Sie ein Band um diese Stelle, an der der Rock sitzen soll, und messen Sie dort den Umfang und den Abstand bis zur breitesten Stelle. Die Rocklänge berechnen Sie bitte großzügig, denn abschneiden können Sie später immer noch.

Jetzt wird ein bisschen gerechnet, aber keine Sorge, das ist kein Hexenwerk.

Füllen Sie einfach das nebenstehende weiße Feld aus. Damit der Rock nicht hauteng wird, addieren wir eine Bequemlichkeitszugabe (BZ), und damit wir die Rockteile zusammennähen können, die Nahtzugabe (NZ). Die Bequemlichkeitszugabe ist großzügig gewählt, denn nach der Anprobe werden Sie den Rock mithilfe von Abnähern auf Ihren Körper anpassen, damit er Sie zart umschmeichelt. Außerdem rechnen wir unten am Saum 6 cm Länge dazu, um die Saumlinie am angezogenen Rock zu bestimmen.

Um den Rock zu konstruieren, brauchen Sie folgende Rechnung und erhalten damit vier Konstruktionsmaße:
Taille _____ + 6 cm NZ + 10 cm BZ = _____ : 4 = A _____ cm
Hüfte _____ + 6 cm NZ + 10 cm BZ = _____ : 4 = B _____ cm
Hüfttiefe _____ = C
Rocklänge _____ + 6 cm = D _____ cm
Taillenweite und Hüftweite werden durch 4 geteilt, weil wir nur ein Viertel-Schnittteil konstruieren und dieses auf den gefalteten Stoff auflegen, um ein Vorderteil und ein Hinterteil für den Rock zu erhalten.

2. Schnitt konstruieren

Um einen Papierschnitt für diesen leicht ausgestellten Rock zu erhalten, nehmen Sie am besten Packpapier. Sollten Sie gerade keines zur Hand haben, eignet sich auch hervorragend festes Geschenkpapier.

Auf Ihrem Papier markieren Sie auf der linken Seite an der Seitenkante folgende Punkte:

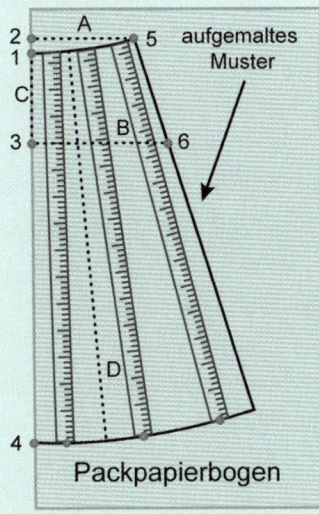

1. Ein paar Zentimeter unter der oberen Kante markieren Sie Punkt 1, der die Taillenlinie vorgibt. Zeichnen Sie eine Waagerechte im rechten Winkel zur linken Seitenkante. Das ist Ihre Taillenlinie.
2. Damit die Taille gerundet werden kann, erhöhen Sie diese Taillenlinie um 2 cm nach oben. Zeich-

nen Sie erneut eine Waagerechte, die nun parallel zur der zuerst gezeichneten Taillenlinie verläuft, nur eben 2 cm höher. Die neue Linie ist die erhöhte Taillenlinie; Sie erhalten Punkt 2.
3. Tragen Sie dann am linken Seitenrand die Hüfttiefe C ein – Achtung, die Hüfttiefe wird von der ersten Linie, der Taillenlinie, aus gemessen! Zeichnen Sie erneute eine Waagerechte, parallel zu den vorherigen Linien. Das ist die Hüftlinie; Sie erhalten Punkt 3.
4. Am linken Seitenrand markieren Sie als Nächstes die Rocklänge D. Das ist Punkt 4.
5. Von Punkt 2 messen Sie auf der erhöhten Taillenlinie nun die berechnete Viertel-Taillenweite (A) ab und erhalten somit Punkt 5.
6. Und von Punkt 3 messen Sie auf der Hüftlinie die berechnete Viertel-Hüftweite (B) ab und erhalten Punkt 6.

So, jetzt haben Sie schon die Hälfte geschafft. Nun verbinden Sie die Punkte wie folgt:
1. Zeichnen Sie freihändig eine geschwungene Taillenlinie von Punkt 1 zu Punkt 5. Keine Sorge, die Rundung muss nicht perfekt sein, es ist wirklich okay, wenn Sie freihändig zeichnen. Achten Sie darauf, dass die Rundung in der Nähe von Punkt 1 eher flach verläuft und Richtung Punkt 5 steiler wird. Orientieren Sie sich an der Zeichnung, dann wird das schon!
2. Nun verbinden Sie Punkt 5 und 6 mit einer Gerade und verlängern diese Linie, bis sie Ihre Saumlänge D erreicht hat.
Die linke Kante des Papiers und damit Ihres Schnittteiles ist die vordere Mitte bzw. die hintere Mitte und wird später am Bruch, der gefalteten Seite des Stoffes, aufgelegt.

3. Lassen Sie jetzt das Maßband wandern, um die Saumrundung zu zeichnen. Messen Sie an verschiedenen Stellen von der geschwungenen Taillenlinie Ihre Rocklänge D – vom Bruch bis zur Seitennaht –, um die Saumrundung zu erhalten. Gratulation! Fertig ist Ihr Schnittteil!

3. Stoff vorbereiten

Für den Zuschnitt falten Sie den vorgewaschenen und gebügelten Stoff rechts auf rechts so, dass die Webkanten aufeinander liegen. Die Webkante ist die feste Kante des Stoffes, nicht die Kante, an der der Stoff abgeschnitten wurde. Die Kante, an der der Stoff umgefaltet ist, heißt Bruch. Die rechte, schöne Stoffseite wird zum Zuschnitt nach innen gefaltet.

Legen Sie das konstruierte Schnittteil so auf, dass die vordere Mitte und die hintere Mitte (Sie erinnern sich, das war die linke Kante des Papiers) genau am Bruch liegt.

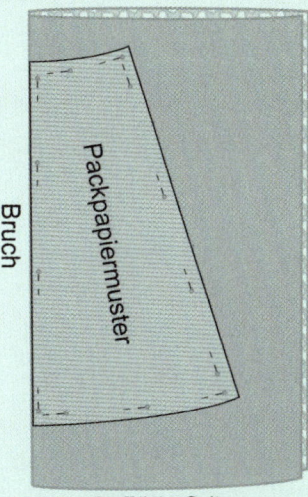

Stecken Sie den Papierschnitt an jeder Ecke mit einer Stecknadel am Stoff fest, und schneiden Sie rundherum, durch beide Stofflagen hindurch. Da die Nahtzugabe bereits im Schnitt enthalten ist, können Sie direkt um die Papierkante herumschneiden. Der Bruch wird nicht aufgeschnitten – dort bleibt der Stoff doppellagig liegen, sodass Sie, wenn Sie den zugeschnittenen Stoff aufklappen, ein fertiges Vorderteil erhalten. Dann legen Sie das Schnittteil ein zweites Mal auf den Stoff und schneiden das hintere Rockteil zu.

Markieren Sie die vordere und die hintere Mitte auf der linken Stoffseite und oben an der Taille mit einem Kreidestrich. Im vorderen Rockteil markieren Sie die Position der zwei Abnäher jeweils auf der Mitte zwischen vorderer Mitte und Seitennaht. Auf dem Hinterteil des Rockes müssen die Abnäher etwas näher an der Seitennaht liegen, markieren Sie dort nicht die Mitte, sondern ein Drittel der Strecke zwischen Seitennaht und hinterer Mitte.

Bügeln Sie an die Oberkante auf die linke Stoffseite das Kantenband (8 Sekunden mit Tuch bügeln – aufpassen, dass nichts am Bügeleisen und Bügelbrett klebt) und an die linken zwei Teile an der Seitennaht einen 23 cm langen Streifen Kantenband. Vor dem Bügeln noch mal überlegen: Der Reißverschluss kommt in die linke Seitennaht, damit Sie ihn als Rechtshänderin gut schließen können – haben Sie die richtigen Seitenkanten gewählt?

Jetzt ist alles vorbereitet, und Sie können endlich anfangen zu nähen! Toll, dass Sie es bis hierhin geschafft haben. Sie werden sehen, die nächsten Schritte machen noch mehr Spaß!

4. Nähen

Um einen Rock zu nähen, brauchen Sie nur zwei Stiche: den Geradstich – – – – – und den Zickzackstich WWWWWW. Bevor Sie den Rock zusammennähen, nehmen Sie nacheinander beide Teile zur Hand und versäubern alle Kanten mit dem Zickzackstich. Dazu nähen Sie knapp an der Kante entlang: Der linke Stich trifft den Stoff, der rechte knapp neben dem Stoff – so wird die Stoffkante vom Faden eingefasst und kann nicht ausfransen. Mit dem Geradstich werden die Teile mit einer Nahtzugabe von 1,5 cm zusammengenäht: D.h., die Nähnadel sticht 1,5 cm von der Stoffkante entfernt ein. Fast jede Nähmaschine hat Markierungen, an denen der Stoff zur Orientierung beim Nähen angelegt werden kann. Legen Sie die beiden Teile rechts auf rechts (die schöne, rechte Seite innen) aufeinander, und stecken Sie sie an der Nahtzugabe auf der rechten Seite fest. Legen Sie den Reißverschluss auf den Stoff, und markieren Sie mit Kreide auf beiden Stoffseiten (linke Seite und rechte Stoffseite), wo das Reißverschluss-Ende sein wird, also die Stelle, bis zu der der Reißverschluss geöffnet wird. Die Kreide können Sie nach dem Nähen leicht ausbürsten oder mit einem feuchten Tuch entfernen.

Jetzt kommt der Reißverschluss – keine Angst, das schaffen Sie! Einen Reißverschluss einzunähen ist keine Zauberei, aber es braucht ein bisschen Übung und genaues Arbeiten. Sollten Sie den Reißverschluss beim ersten Versuch nicht zu Ihrer Zufriedenheit eingenäht haben, trennen Sie ihn vorsichtig wieder heraus, und versuchen Sie es noch einmal. Jede Hobbyschneiderin kennt das und erlebt es immer wieder. Das ist kein Weltuntergang, und Sie werden sehen, beim zweiten Versuch klappt es schon viel besser!

Nähen Sie zuerst die beiden zusammengesteckten Teile mit einem Geradstich - - - - - - an der gesteckten Seitennaht vom Saum unten nach oben bis zur Markierung für den Reißverschluss zusammen. Damit die Naht hält, werden sowohl der Anfang als auch das Ende der Naht mit drei Rückstichen gesichert (3 Stiche nähen, 3 Stiche rückwärts und dann wieder 3 Stiche vorwärts). Lassen Sie den Stoff genauso unter der Maschine liegen! Nun verändern Sie die StichLÄNGE auf das Maximum, das Sie einstellen können — — — — —, und nähen Sie die Naht weiter bis nach oben an den Bund. Oben angekommen sichern Sie die Naht nicht, denn die langen Stiche sind Heftstiche, die Sie, nachdem Sie den Reißverschluss eingesetzt haben, wieder auftrennen.

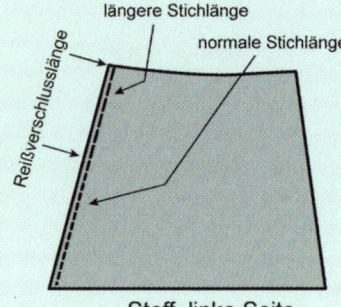

Bügeln Sie nun die Nahtzugaben auseinander.

Nun befestigen Sie den geschlossenen Reißverschluss links und rechts von den Zähnchen mit dem doppelseitigen Klebeband auf den Nahtzugaben, genau über der aufgebügelten Naht, Zipper liegt unten.

Drehen Sie den Stoff um, sodass die rechte, schöne Stoffseite oben liegt und Sie die Naht vor sich liegen haben, und kleben ein langes Stück Klebeband über die Naht von der Oberkante (Taille) bis zu der Stelle, an der Sie vom kurzen Geradstich zum langen Geradstich wechselten. Der Klebestreifen ist Ihre Nahtschablone, denn Sie nähen auf der rechten, schönen Seite und können den aufgeklebten Reißverschluss dabei nicht sehen.

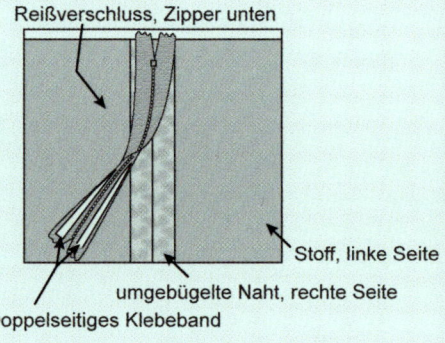

Tauschen Sie nun das normale Nähfüßchen gegen den Reißverschlussfuß. Starten Sie – ohne mit Rückstich zu vernähen – am unteren Ende des Reißverschlusses mit einer kurzen waagrechten Naht über die Seitennaht des Rockes, ganz dicht entlang der kurzen Kante des Klebestreifens. Für die Ecke lassen Sie zum Drehen die Nadel im Stoff stecken, heben Sie das Füßchen an und drehen den Stoff. Wenn Sie fast oben angekommen sind, macht Ihnen der Reißverschlussschlitten das Nähen schwerer: Nähen

Sie ein paar Millimeter neben dem Band, sodass Sie am Schlitten vorbeikommen – diese leichte Verschiebung der Naht fällt beim getragenen Rock garantiert nicht auf! Oben an der Taille angekommen, sichern Sie die Naht mit Rückstichen. (Bild unten links)

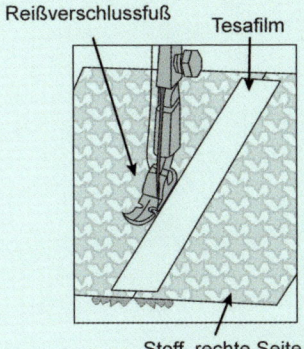

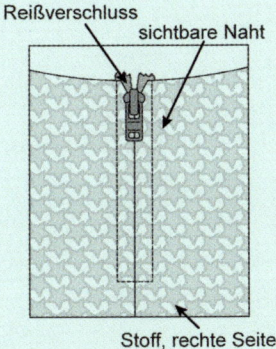

Nun wechseln Sie den Reißverschlussfuß auf die andere Seite. Nähen Sie auch – von unten nach oben – den Reißverschluss fest und sichern die Naht mit Rückstichen. Anschließend ziehen Sie mit der Nadel zum Handnähen die Anfangsfäden auf die linke Stoffseite und verknoten sie. Nun können Sie die langen Heftstiche von der Oberkante bis zu der Quernaht vorsichtig mit dem Nahttrenner auftrennen und sich an Ihrem ersten eingenähten Reißverschluss erfreuen! (Bild oben rechts)
Anschließend stecken Sie die zweite Seitennaht rechts auf rechts aufeinander und nähen mit Geradstich mit einer Nahtzugabe von 1,5 cm. Denken Sie dabei daran, die Naht oben und unten mit drei Rückstichen zu sichern und die Nahtzugaben anschließend aufzubügeln.

5. Anpassen

Jetzt kommt der spektakuläre Moment, an dem Sie Ihren ersten selbstgenähten Rock das erste Mal anprobieren und ihn auf Ihre Figur anpassen. Drehen Sie den Rock auf links (schöne Seiten innen), und ziehen Sie den Rock so an, dass er mit den Seitennähten und dem Reißverschluss genau an den Seiten sitzt und die vordere Mitte über Ihrem Bauchnabel ist. Nicht erschrecken, der Rock ist definitiv zu weit! Jetzt kommt das Finetuning! Frauen haben Kurven, und Kurven müssen gut angepasst werden. Dafür gibt es Abnäher. Für die meisten Figuren sind vier Abnäher optimal: zwei vorne und zwei hinten, jeweils im gleichen Abstand, links und rechts von der Mitte. Abnäher verlaufen immer spitz, das heißt an der Taille nehmen Sie mehr Stoff weg als an der Hüfte. Der Abnäher bekommt so die Form eines V.

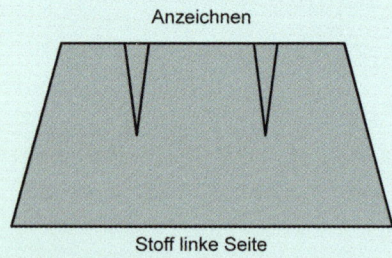

Ziehen Sie den Stoff an der Stelle der vorher markierten Abnäherposition vorsichtig mit den Fingern von sich weg, und stecken Sie mit senkrecht gesteckten Nadeln am vorderen Rock zwei Abnäher. Achten Sie darauf, dass die Seitennähte dort sitzen, wo sie hingehören, nämlich genau an den Seiten.

Die hinteren beiden Abnäher zu stecken erfordert ein bisschen mehr Verrenkungen, das bekommen Sie aber auch hin, oder Sie lassen sich helfen. Entscheidend ist, dass Sie definieren, wie breit die Abnäher werden und wo die Abnäherspitze enden soll. Wenn Sie den Rock ausgezogen haben, können Sie die genaue Lage der Abnäher immer noch nachträglich korrigieren.

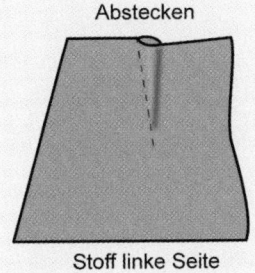

Wenn Sie den Rock wieder ausgezogen haben, falten Sie den Stoff so, dass die Abnäherkante entsteht. Zeichnen Sie nun mit Kreide eine Linie, an der Sie den Abnäher nähen wollen. Anschließend stecken Sie Nadeln auf diese Kreidelinie, sodass Sie sie beim langsamen Nähen herausziehen können. Den Punkt, an dem der Abnäher spitz enden soll, markieren Sie mit einer waagerecht zur Abnäherkante gesteckten Stecknadel.

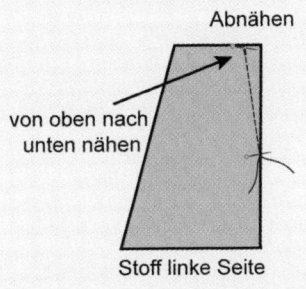

Den Anfang der Naht an der Taille sichern Sie mit drei Rückstichen, die Abnäherspitze nähen Sie bis zur Kante und ziehen dann den Stoff so unter der Nähmaschine hervor, dass Sie noch ca. 10 cm lange Fäden an der Naht haben, die Sie dann an der Abnäherspitze verknoten können. Probieren Sie den Rock nun noch einmal an, um zu beurteilen, ob Ihnen die Abnäher und die Passform gefallen. Jetzt ist der Zeitpunkt, an dem Sie sie noch korrigieren können. Sind Sie zufrieden, dann bügeln Sie die Abnäher zur Mitte, drehen Sie den Rock auf rechts, auf die schöne Seite, und bügeln Sie die Abnäher noch einmal.

Anschließend ziehen Sie den Rock auf rechts wieder an und lassen sich von einem netten Menschen den Saum abstecken oder markieren die Saumlänge mit einem Rockabrunder. Da der Saum mit Schrägband eingefasst wird, können Sie den überflüssigen Stoff genau an der gewünschten Saumlinie abschneiden.
Mögen Sie lieber einen klassischen umgeklappten Saum, brauchen Sie entsprechend Länge, die Sie (doppelt) einschlagen können.
Wenn Sie nun mit der Passform zufrieden sind, können Sie jetzt den Saum und die Taille mit Schrägband einfassen. Schrägband ist leicht elastisch, so können Sie leicht und ordentlich Rundungen nähen. Um das Schrägband anzunähen, klappen Sie es auf, und nähen Sie es rechts auf links (rechte Seite des Schrägbandes auf die linke Seite Ihres Stoffes) knappkantig, also nahe an der oberen Kante mit Geradstich an.
Um die Enden ordentlich miteinander zu verbinden, starten Sie das Nähen Ihrer Naht nicht direkt am Anfang des Schrägbandes, sondern lassen zunächst 3 cm offen. Dies tun Sie ebenso, bevor sich die beiden Schrägband-Enden wieder treffen. Schließen Sie nun zuerst den Schrägbandkreis, indem Sie Anfang und Ende des aufgeklappten Schrägbandes an den kurzen Seiten mit Geradstich zusammennähen. Die Enden können Sie nach dem Zusammennähen auf ca. 1 cm kürzen.
Anschließend schlagen Sie das Band um die Saumkante, stecken es fest und nähen es knappkantig oder mit einem Zierstich an.

Bild unten links: Am Taillenbund funktioniert das Annähen des Schrägbandes genauso. Am Anfang und Ende, dort, wo der Reißverschluss sitzt, klappen Sie das Schrägband ca. 1,5 cm ein, bevor Sie es von der rechten Seite festnähen. So ergibt sich eine schöne Kante.

Bild unten rechts: Damit der Rock bis ganz nach oben geschlossen werden kann, nähen Sie nun einen Haken und eine Öse auf das Schrägband.

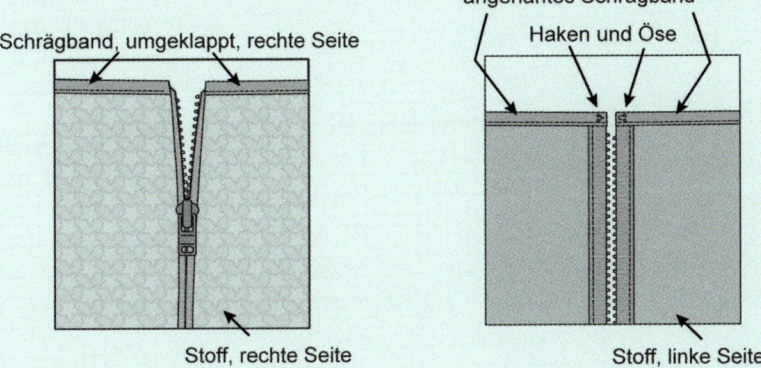

Fertig ist Ihr Rock – Hurra und herzlichen Glückwunsch!

Serviceteil

Ein Nählexikon

Abnäher
Abnäher sind kurze Nähte, mit denen Kleidungsstücke der Form des Körpers angepasst werden.

Bruch
Der Bruch entsteht, wenn Sie den Stoff parallel zur Webkante falten. Im Bruch zuzuschneiden ist immer dann möglich, wenn ein Teil symmetrisch ist und man keine Naht in der Mitte haben möchte.

Bügeln
Bügeln ist untrennbar mit dem Nähen verbunden – ganz nach dem Motto »Gut gebügelt ist halb genäht«. Bügeln Sie alle Nähte, Abnäher etc. direkt nach dem Nähen. Später ist es oft nicht mehr möglich, an diese Stellen heranzukommen.

(Bügel-)Einlage
Mit Kleber beschichtetes Gewebe, das auf die linke Seite des Stoffes gebügelt wird, um mehr Stabilität zu geben.

Fadenlauf
Der Fadenlauf ist parallel zur → Webkante und auf jedem Schnittteil mit einem langen Pfeil angegeben. Beachten Sie den vorgegebenen Fadenlauf nicht, verzieht sich Ihr Stoff beim Nähen und Tragen, und Sie werden niemals ein schön fallendes Kleidungsstück und eine gute Passform erreichen.

Fadenspannung
Wenn Sie kein ordentliches Stichbild erzielen oder der Faden immer wieder reißt, ist meist die Fadenspannung nicht richtig eingestellt. Fädeln Sie die Maschine neu ein, kontrollieren Sie, ob irgendwo ein Fädchen oder zu viel Staub ist, und wechseln Sie die Nadel. Erst wenn diese Sofortmaßnahmen nicht wirken, versuchen Sie die Fadenspannung besser einzustellen.

Geradstich
Der Geradstich ist der einfachste Stich der Nähmaschine und wird zum Zusammennähen und zum Absteppen verwendet.

Nahtzugabe
Die Nahtzugabe ist der Abstand zwischen der Naht und der Stoffkante, denn es wird nicht direkt neben der Stoffkante genäht. Nahtzugaben liegen im fertigen Kleidungsstück innen.

Passzeichen
Passzeichen sind Markierungen, die dafür sorgen, dass zwei Schnittteile korrekt aufeinandertreffen.

Rechte Stoffseite
Die meisten Stoffe haben eine schöne und eine weniger schöne Stoffseite. Die schöne, die anschließend außen liegt und damit sichtbar ist, ist die rechte Stoffseite. Wenn Sie zwei Teile aufeinandernähen, dann liegen diese fast immer »rechts auf rechts«. Oder wie meine Nählehrerin sagt: »Die schönen Seiten küssen sich.«

Saum
Die untere Kante von Bekleidungsstücken wird versäumt, damit nichts ausfranst und es einen ordentlichen Abschluss gibt. Es gibt

verschiedene Arten zu säumen, z. B. nach innen umschlagen und befestigen, mit Schrägband einfassen und vieles mehr.

Stichlänge
Sie können die Stichlänge an Ihrer Nähmaschine variieren. Zum Zusammennähen verwenden Sie eher eine kleine Stichlänge. Möchten Sie erst einmal nur vorläufig heften (z. B. beim Einnähen eines Reißverschlusses oder zur Anprobe), dann wählen Sie einen sehr langen Stich, um die Naht anschließend leicht auftrennen zu können.

Trennen, Auftrennen
Auftrennen gehört zum Nähen dazu. Es lohnt nicht, sich darüber aufzuregen. Sie können die Naht leicht mit einem Nahttrenner oder einer kleinen Schere auflösen.

Webkante
Die Webkante sind die beiden seitlichen, festen Enden des Stoffes. Die Webkante ist immer parallel zum Fadenlauf – oder umgekehrt.

Literatur
Eine kleine Auswahl empfehlenswerter Bücher rund ums Thema:

Betzina, Sandra: Fast Fit – Easy Pattern Alterations for Every Figure, Taunton Verlag, 2004.
Derham, Constanze: Nähen – ABC der Handarbeite, BuchVerlag für die Frau, 2012.
Derham, Constanze: Mach mit! Neues Leben für alte Kleider, BuchVerlag für die Frau, 2015.

Hofenbitzer, Guido: Bekleidung – Schnittkonstruktion für Damenmode, Band 1, Grundlagen, Europa-Lehrmittel, 2009.

Maynard, Lynda: Professionell schneidern – Die Verarbeitungstechniken Schritt für Schritt, Haupt Verlag, 2012.

Palmer, Pati: Fit for Real People – Sew Great Clothes Using any Pattern, Palmers/Pletsch Pub, 2006.

Rosa P.: Ein Schnitt – vier Styles: Kleidung nähen mit Rosa P., OZ creativ Verlag, 2014.

Smith, Alison: Maßgeschneidert – Schritt für Schritt zur selbstgenähten Garderobe, Dorling Kindersley Verlag, 2014.

Walnes, Tilly: Liebe auf den ersten Stich – Einfach perfekte Kleider nähen, Edition Michael Fischer, 2014.

Whelan, Tanya: Kleider nähen – Das große Buch für mehr als 200 individuelle Kleider, Edition Michael Fischer, 2015.

Noch Fragen? Das Internet hilft gerne!
www.memademittwoch.blogspot.com
www.hobbyschneiderin24.net
www.hobbyschneiderin.de
www.naehfabrik.forumprofi.de
www.mypatternmyfashion.com/de/
www.curvysewingcollective.com
www.sewing.patternreview.com

Besuchen Sie mich auch gerne auf meinem Blog
www.crafteln.de

Dank

Es gibt so viele großartige Menschen, die mich darin unterstützt haben, das Nähen ernst zu nehmen und es zu meinem Herzensthema zu machen. Ohne Euch hätte ich das alles gar nicht gelernt, hätte nicht den Mut, davon zu berichten, und es würde dieses Buch nicht geben!

Allen voran danke ich meinem Mann Dirk, der mich immer wieder davon überzeugte, dass Handwerk gutes Werkzeug braucht, der tapfer erträgt, dass ich zu jeder Gelegenheit ein neues Kleid nähe und dass dafür ein großes Stofflager unabdinglich ist. Er hält mir den Rücken frei, damit ich tun kann, was ich liebe.

Meine Näh- und Schnittkonstruktionslehrerin Julia Beger hat mir immer erlaubt, meinen Weg beim Nähen und Lernen zu gehen. Ich bin Dir unheimlich dankbar dafür, denn ich eigensinnige Frau hätte vielleicht frühzeitig aufgegeben, wenn wieder einmal etwas nicht auf Anhieb klappte. Es ist ein großes Geschenk, Lindy Stokes (stokx.de), eine großartige Modedesignerin, zur Freundin und Lehrerin zu haben. Im Praktikum bei Dir habe ich viele Nähgeheimnisse erfahren und unheimlich viel über Schnittkunst gelernt.

Den Nähbloggerinnen im Internet, insbesondere den wundervollen Leserinnen meines Blogs, möchte ich gerne danken. Ohne Euer wertvolles Feedback, Eure Ermunterung, die Inspiration, die Ihr mir immer wieder liefert, und den Spaß, den wir zusammen haben, hätte ich einige Entwicklungsschritte niemals getan. Danke, dass Ihr mich immer wieder aufgefordert habt, es mal mit einem Gürtel zu versuchen.

Ich würde mich gerne noch ausführlicher bedanken, aber der Platz reicht nur für eine Aufzählung: Constanze Derham, Ines Hilpert-Kruck, Bärbel Sievers-Schaarschmidt, Guido Maria Kretschmer,

Jana Kunath, Florian Kruck, Ulrike Bartos, Claudia Toelle, Ulrike Klode, Antje Schrupp, Katarina Rathert, Monika Lauber, Nadja Kossack, Lea Zuback, Merle Pierschke, die wundervollen Frauen des Me Made Mittwoch Teams, meine Eltern, meine Schwiegereltern und mein Sohn. Alle diese Menschen machten mir auf ganz unterschiedliche Weise Mut, meine Erfahrungen, die ich mit dem Nähen machte, zu veröffentlichen und meine Gefühle und Erkenntnisse zu teilen, sie halfen mir bei den notwendigen Schritten, stehen stets mit Rat und Tat zur Seite, passen auf mich auf und unterstützen mich mit all ihren ganz speziellen wunderbaren Begabungen. Ich bin froh, dass es Euch gibt!
Herzallerliebsten Dank!

Über die Autorin

Meike Rensch-Bergner ist ein bekanntes und beliebtes Gesicht der deutschen Online-Näh-Community und setzt auch selbst Trends: auf ihrem Blog, auf Twitter und bei Facebook.
Sie arbeitet erfolgreich als Autorin und Coach, ihr Longseller »Das Uschi-Prinzip« und dessen Folgebücher verkauften sich weltweit über 150.000 mal.
Meike Rensch-Bergner schreibt auf stern.de den Blog »Abschaffung der Problemzonen« und startete 2010 den erfolgreichen Nähblog crafteln.de, auf dem sie die Leserinnen klug und amüsant an ihren Nähentwicklungen teilhaben lässt.

Handarbeiten ist das neue Yoga

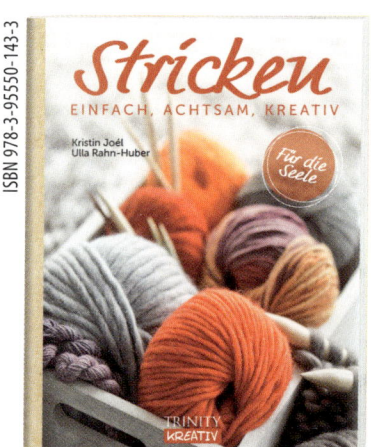 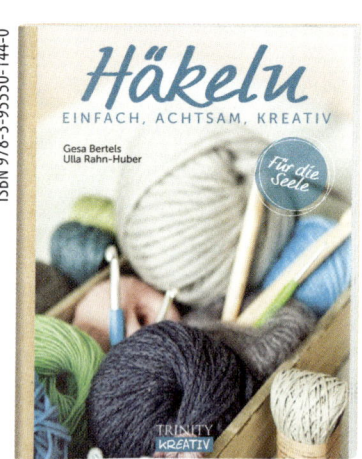

je 64 Seiten, 4-farbig, Klappenbroschur

Die neue Reihe für bewusste Kreativität.

Selbermachen? Aber klar! Heute sind Projekte gefragt, die die Seele ansprechen und die eigene Kreativität beflügeln. Eben Handarbeiten im Flow. Einsteigerfreundliche Projekte, leicht umsetzbar, mit wunderschönen Fotos und inspirierenden Texten.

Einfach, achtsam, kreativ

www.trinity-kreativ.de